90 respuestas
a 90 preguntas

90 respuestas

a 90 preguntas

Sobre cosas de la vida

MARTHA ALICIA CHÁVEZ

Grijalbo

90 respuestas a 90 preguntas
Sobre cosas de la vida

Primera edición: abril, 2010

D. R. © 2010, Martha Alicia Chávez

D. R. © 2010, derechos de edición mundiales en lengua castellana:
Random House Mondadori, S. A. de C. V.
Av. Homero núm. 544, col. Chapultepec Morales,
Delegación Miguel Hidalgo, 11570, México, D. F.

www.rhmx.com.mx

Comentarios sobre la edición y el contenido de este libro a:
literaria@rhmx.com.mx

ISBN 978-607-429-906-9

Impreso en México / *Printed in Mexico*

*A un hermoso bebé
que me tiene el corazón henchido de ternura y de amor:
mi nieto Luca*

Índice

Introducción

Sin lugar a dudas, a lo largo de nuestra vida todos pasamos por una diversidad de situaciones y experiencias que nos ayudan a aprender y crecer. Algunas son fáciles y agradables y otras nos resultan difíciles de sobrellevar. Sea como sea, las experiencias son generadoras de toda clase de cuestionamientos y dudas, y éstas, a su vez, son la fuente de la búsqueda y del encuentro. El encuentro es liberador y gratificante y, más aún, es la solución... la respuesta.

A lo largo de mis 20 años de carrera profesional como psicoterapeuta he atendido a toda clase de personas que pasan por innumerables tipos de experiencias, las cuales las llevan a la mencionada búsqueda y encuentro. Su búsqueda toma muchas formas; una de ellas es la necesidad de responder a las preguntas que en cualquier nivel de su Ser se plantean, referentes a un sinnúmero de asuntos de la vida. Si bien sería imposible enumerarlas todas, en este libro menciono y respondo a las que en mi opinión son las que comúnmente, y a la mayoría, nos inquietan.

Estas 90 respuestas no pretenden ser las únicas ni tampoco las mejores. Mi propuesta ante cada una de las preguntas que conforman esta obra no es LA RESPUESTA; es un aporte de información, una perspectiva, una posibilidad que puede resultarte útil a ti, lector, y motivarte para iniciar tu propia y —por qué no— más profunda búsqueda... si así lo deseas.

1

¿Por qué muchos hombres se evaden ante los problemas?

Con mucha frecuencia, las mujeres nos sentimos lastimadas y enojadas cuando ante los problemas familiares nuestro hombre parece desinteresado y evasivo. "¿Será que no le importa?...", nos cuestionamos.

Ayer escuché la breve conversación de dos mujeres mientras hacía fila en el banco: una le comentaba a la otra que "el problema" con su hija seguía igual.

—¿Y qué dice tu marido acerca de eso?

—Ya ni siquiera le cuento nada... De todas maneras no le importa; es como si hablara con la pared. No tiene caso gastar mi tiempo y mi saliva... —respondió la mujer con un tono de voz cargado de frustración. Se quedó en silencio unos segundos y luego, con más frustración todavía, añadió—: ¡Te juro que es como hablar con un sordo, ciego y mudo!...

—¡Ufff!... ¡Ya sé lo que es eso! —contestó la amiga... y acto seguido, mejor cambiaron de tema.

En mi práctica profesional he trabajado con cientos de mujeres en psicoterapia, cursos y talleres, y con gran frecuencia he escuchado comentarios como ésos, llenos de frustración, impotencia, coraje y dolor. Esa conversación de las mujeres en el banco bien podría haber sido sostenida por cualquier otro par de amigas.

Éstas son algunas de las muchas quejas que he escuchado:

Mi hijo en el hospital y mi esposo se fue de viaje de negocios.

El día de mi cirugía trabajó más horas de lo normal en lugar de no haber ido a trabajar.

Cuando le estaba platicando a mi esposo que nuestra hija tenía bulimia, me interrumpió diciendo que ya se le había hecho muy tarde y se tenía que ir... ¡y se fue!

Nuestra bebé en terapia intensiva y él buscando pretextos para salirse del hospital: al banco, a ponerle gasolina al coche, a comprar el periódico, a buscar algo de comer.

Siempre que toco el tema de un problema con nuestros hijos, sin importar la hora que sea, se queda dormido.

¿Es cierto que generalmente los hombres tienden a evadirse ante ciertos problemas familiares, o es sólo una falsa acusación inventada por feministas resentidas? La respuesta es: sí, muchos hombres tienden a evadirse ante los problemas que conllevan fuertes cargas emocionales. Si bien es cierto que esto puede suceder también a las mujeres y que no necesariamente TODOS los hombres reaccionan así, es un hecho que con gran frecuencia encontramos en el género masculino.

Casi siempre, las mujeres interpretamos estas reacciones de nuestro hombre como falta de amor, de interés y de apoyo; pero créeme, no tienen nada que ver con eso.

¿Y por qué lo hacen entonces?

Resulta que en casi todas las culturas, desde que los hombres son pequeños se les prohíbe expresar o, peor aún, siquiera experimentar sentimientos de miedo, dolor, impotencia y preocupación. De los hombres se espera que SIEMPRE puedan, que SIEMPRE sepan, que SIEMPRE sean fuertes, y esto les hace extremadamente difícil entrar en contacto con los sentimientos antes mencionados, así como aceptar el hecho real de que a veces no pueden y a veces no saben.

En nuestra cultura, las mujeres tenemos permiso de llorar, de hacer drama, de no poder, de no saber, de mostrar nuestra debilidad; pero los hombres no. Entonces, cuando experimentan sentimientos de miedo, preocupación, dolor e impotencia en un alto grado, su inconsciente dispara ese mecanismo de evasión para poder soportarlos; para "sobrevivir" emocionalmente.

Así también, en parte por naturaleza y en parte por cultura, los hombres son "solucionadores de problemas", y cuando no está en sus manos resolver alguno, sienten altos niveles de impotencia, angustia y frustración.

No se trata entonces de que no nos amen y que no les importemos. ¡Al contrario! Nos aman tanto, les importamos tanto, están tan preocupados, que sus sentimientos los rebasan y se evaden, simplemente porque les es muy difícil manejarlos. No significa que sean débiles o inadecuados; es sólo que, al no permitírseles sentirse así, no aprenden a lidiar con eso. Y vale la pena que recordemos que las mujeres, las madres, somos en parte las que los educamos y contribuimos a ello.

Es importante que las mujeres entendamos esto, pero no para adoptar una actitud maternal de "¡pobrecitos!", y justificar o permitir esa conducta de nuestro hombre, sino para que al comprender lo que hay detrás de la misma, dejemos de malinterpretarla como falta de amor y de interés, agregando así más dolor a la ya de por sí difícil situación por la que estemos pasando. No te digo que no le pidas ayuda o que no lo "empujes" a reaccionar y ponerse las pilas, sino que —independientemente de las medidas que decidas tomar— comprendas el porqué de esa actitud.

Así, pues, ojalá que la próxima vez que tu hombre presente una de esas reacciones evasivas seas capaz de ver "más allá" para que puedas percibir el interés, la preocupación y el amor que hay detrás. Porque, créeme... ¡lo hay!

2

¿Es posible perdonar?

Perdonar no es tarea fácil, ya que los eventos de nuestra vida que son susceptibles de ser perdonados tienen una carga de sentimientos muy dolorosos: rechazo, desilusión, humillación o traición. Nos sentimos profundamente lastimados y expresamos cosas como: "Jamás le perdonaré", "Después de lo que me hizo, ¿todavía perdonarle?", como si al disculpar le estuviéramos haciendo un favor al otro. La verdad es que mientras no perdonamos, no podemos tener una verdadera paz interior, pues los seres humanos no estamos "diseñados" para tener al mismo tiempo dos sentimientos opuestos como el rencor y la paz; la segunda no podrá llegar hasta que nos liberemos del primero. Perdonar es entonces un gran favor que te haces a ti mismo.

Perdonar es posible, por supuesto que lo es, pero es necesario permitirnos vivir las diferentes etapas que nos llevan a la curación interior y al perdón; al verdadero, no a ese que es más racional que real, cuando decimos: "Ya le perdoné", pero tenemos insomnio crónico (si no es por causas orgánicas), o manejamos constantemente la llamada *agresión pasiva* hacia esa persona, como ridiculizarla en público, hacer bromas sarcásticas y pesadas respecto a ella/él, "olvidar" citas, cumpleaños o cosas importantes para esa persona, o quizá tener "accidentes involuntarios", como quemar su pantalón favorito, tirar el café sobre sus papeles, etcétera; claro, "involuntariamente". La verdad es que todos estos incidentes sólo son indicativos de que estamos en *negación*, la cual es una defensa psicológica activada por nuestro inconsciente, que nos impide aceptar nuestro resentimiento porque reconocerlo nos haría sentir malos o avergonzados.

Cuando salimos de la negación y reconocemos nuestro rencor y resentimiento, cuando aceptamos que en realidad no hemos perdonado, entonces damos un gran paso hacia el perdón. Como resultado de esta aceptación, de forma inevitable entraremos a otra etapa donde muy posiblemente experimentaremos la *culpa*; podemos creer que de alguna manera somos los causantes de lo sucedido. Nos repetimos en nuestro interior pensamientos como: "Si hubiera sido más delgada…", "Si hubiera sido más cariñoso…", "Si me hubiera dado cuenta a tiempo…", "Si hubiera hecho… si no hubiera hecho…" Ante esto es necesario hacer un inventario de las situaciones o comportamientos de ambas partes que propiciaron ese evento doloroso en nuestra vida, para darnos cuenta de que sólo tenemos una parte de responsabilidad. Y algo muy importante: no evaluemos el pasado desde la mirada, la experiencia y la madurez del presente, ya que en aquel momento hicimos lo mejor que pudimos y usamos las únicas herramientas de que disponíamos entonces.

Para dejar de sentir culpa, la cual es un sentimiento muy difícil de tolerar, inconscientemente nos movemos hacia otra etapa en la que nos ubicamos en el papel de la *víctima*; así, volcamos toda la responsabilidad de lo sucedido en el otro. Pensamos y expresamos aseveraciones como: "Me hizo", "Pobre de mí, yo que siempre me porté tan bien, me trató o me trata tan mal", etcétera. La actitud de víctima es tan cómoda que hasta puede resultar peligrosa, puesto que podemos quedarnos años o el resto de la vida atorados en esa etapa en que todos tienen la culpa menos yo, en que todos son responsables de mi vida y mis sentimientos, excepto yo. Por supuesto, la víctima no es feliz y vive una constante sensación de vulnerabilidad y baja autoestima.

Para salir de esta postura de víctima es necesario confrontarnos decididamente a nosotros mismos, de manera que cada vez que nos oigamos quejándonos de lo que nos pasa, nos preguntemos: "¿Y por qué sigo soportando esto?", "¿Por qué sigo en esta relación de pareja donde sufro tanto?", "¿Por qué no renuncio a este empleo y busco uno que me satisfaga?", "¿Por qué sigo permitiendo tal o cual abuso o maltrato?" Respóndete muy honestamente, y tal vez encontrarás respuestas como: "Sigo en esta relación porque no me puedo mantener sola o porque tengo miedo de vivir solo, o por cuidar una imagen social", "Soporto este abuso porque no me atrevo a poner límites, o porque no quiero perder la futura herencia, o para que digan que soy muy buena/o, o por simple flojera y comodidad".

Entonces te darás cuenta de que simplemente estás pagando un precio a cambio de lo que esa situación te proporciona, o dicho de otra forma, estás soportando eso porque encuentras ganancias convenientes para ti. Y siendo así, ¿por qué te quejas? La verdad es que tampoco somos ningunos inocentes: también herimos al otro y de muchas formas nos cobramos las "facturas" que nos debe. Créeme, mientras no dejemos de sentirnos víctimas no podremos perdonar y vivir en paz.

Al dejar la etapa de víctima sin duda tendremos que entrar en contacto con uno de los sentimientos más inaceptables socialmente: la *ira*. ¡Es tan difícil reconocer: "Tengo mucho rencor hacia mi madre, pareja, hijo o hermano"! Pero si somos tan valientes para aceptarlo, podremos trabajar con nuestra ira para liberarla, haciendo cosas como escribir cartas —todas las que sean necesarias— dirigidas a la persona con la cual estamos resentidos, y que por supuesto no le vamos a entregar. En ellas le permitiremos a esa parte nuestra tan dolida y resentida desahogarse, expresar todos sus reclamos, todo su dolor, toda su ira, y después de horas, días, semanas o meses, cuando estemos listos para hacerlo, quemaremos las cartas dejando ir esos sentimientos que tanto estorban a la felicidad. También es muy útil buscar ayuda profesional para liberarnos de la ira y todos los sentimientos insanos involucrados en esta vivencia.

Esto funciona. Después de algún tiempo comenzaremos a ver la luz; notaremos que aquellos sentimientos tan intensos y abrumadores se han diluido, o por lo menos han bajado de intensidad. Entonces estaremos listos para rescatar todo lo bueno que esa experiencia nos dejó, para reconocer cómo gracias a ella nos fortalecimos, aprendimos, maduramos, crecimos.

Ese incidente sucedió, lo viviste de la mejor manera que pudiste; te causó dolor, pero tú tienes la alternativa de utilizar esa experiencia para aprender y crecer o para llenarte de amargura y rencor, la decisión es tuya. Y quien elige la primera opción puede comprender las palabras de Viktor Frankl cuando expresó: "Sólo existe el perdón cuando te das cuenta de que en realidad no tienes nada que perdonar".

3

¿Las mascotas curan?

¡Sí! Cada día hay más pruebas de que las mascotas pueden ayudar a las personas a sanar padecimientos tanto emocionales como físicos.

Numerosos estudios científicos muestran que el contacto físico y emocional con las mascotas tiene efectos muy positivos sobre la curación de la hipertensión arterial, la concentración de colesterol y las enfermedades coronarias. En el aspecto emocional, dichos estudios demuestran que la convivencia con mascotas ayuda a aumentar la confianza en uno mismo, da seguridad, alivia la ansiedad y el estrés y también disminuye el sentimiento de soledad.

En mi opinión, los niños deberían tener una mascota, porque al convivir con ella equilibran y sanan sus emociones y desarrollan hermosos valores, como la sensibilidad, la responsabilidad, el compromiso y el interés por otros. También aprenden a cuidar y a mostrar amor tanto física como verbalmente. Todas éstas son cualidades y valores indispensables en cualquier relación o actividad de la vida.

En el aspecto emocional, a través de su mascota los niños pueden superar duelos por sus pérdidas y procesar toda clase de miedos o "sufrimientos". Esto en parte se debe al hecho de que las mascotas aman mucho e incondicionalmente. No necesitan que el niño se porte "bien", que saque buenas calificaciones, ni que sea inteligente u obediente. No importa cuántas virtudes o defectos tenga un niño, su mascota lo amará sin condiciones y se lo mostrará sin tapujos.

Algunos padres se resisten al hecho de que sus hijos tengan mascotas, porque las consideran sucias y hasta peligrosas para la salud. Esto puede ser verdad, cuando los animalitos no se atienden de manera adecuada. Si se les aplican las vacunas necesarias en los periodos apropiados, se les asea con la frecuencia y en la forma recomendada según el animalito del que se trate, no hay ninguna razón para preocuparse.

Es muy común que los dueños de mascotas, ya sean niños o adultos, "conversen" con ellas, e incluso que a veces les confíen cosas que no le contarían a una persona. "Mi perro guarda muy bien los secretos que le cuento", decía un niño que superó de manera impresionante y rápida el duelo por la muerte repentina de su mejor amigo, llorando mientras abrazaba a su perro y platicando con él varias horas al día.

Recuerdo también el caso de una niña a la que atendí, quien tenía como mascota a un tierno gatito al que adoraba. La niña estaba muy triste y enojada porque sus padres habían decidido mudarse a otra ciudad por asuntos del empleo del papá y había resentido mucho tener que dejar a sus amigos y a sus abuelos. En parte por tristeza y en parte por castigar a sus padres, no quería comer, lo cual se había vuelto una fuente de conflicto entre ella y sus preocupados padres. Les sugerí que por un tiempo, en lugar de ponerle la comida al gatito en su plato, ella le diera de comer de su puño. De esta manera, un poco por identificación y otro poco porque esto estrechó aún más la relación emocional entre ella y el minino, ese acto le "recordó" que también ella debía comer… y al paso de unos cuantos días comenzó a hacerlo por sí misma, sin ninguna presión por parte de sus padres. Del mismo modo pudo superar su duelo y comenzó a estar de mejor humor, a tener ganas de hacer nuevos amigos y a abrirse a la experiencia de una nueva vida.

Yo tengo la convicción de que entre el amo y la mascota se crea un profundo lazo que va más allá de las palabras o de la parte superficial de la comunicación. A mi parecer, las mascotas comprenden mejor de lo que nos imaginamos lo que está sucediendo; saben cuándo y qué se necesita de ellas, y están siempre dispuestas a colaborar. Muchos hemos conocido casos o hemos sido testigos de situaciones sorprendentes en las que un animal hace cosas impresionantes y hasta heroicas para salvar, advertir y de cualquier forma ayudar a su amo. Ésos son casos espectaculares, pero en el día a día podemos comprobar constantemente cómo la actitud y el comportamiento de una mascota responden a diferentes situaciones.

Así, pues, nuestras hermosas, tiernas y adoradas mascotas, que nos muestran su amor sin restricciones, nos aman sin condiciones y nos hacen felices, también nos curan. ¡Gracias a la vida por las mascotas!

4

¿Qué hay detrás de las excusas?

"La reina de las excusas." Así bauticé para mis adentros a la mujer que más excusas pronuncia en menor tiempo. ¡Es impresionante! La mayoría de ellas son absurdas, increíbles y absolutamente innecesarias; algunas las expresa aun antes de que uno siquiera termine de hablar o, peor aún, incluso antes de que comience. La conocí hace poco por asuntos de negocios. Ella me ha hecho pensar mucho sobre este comportamiento, lamentablemente muy común.

Pero la vida es tan buena conmigo, que también hace poco me puso enfrente a otra mujer que —a diferencia de la acreedora al mencionado título— me ha sorprendido gratamente por su capacidad de reconocer sus errores, ofrecer una disculpa y encontrar la forma de corregir su falta cuanto antes. Interactuar con ella es muy agradable y relajante y me aviva la llama de la confianza.

Las excusas me molestan de verdad porque su función es culpar a algo o a alguien de un error cometido, en lugar de decir una frase tan liberadora y tan simple como: "discúlpame", "me equivoqué", "se me olvidó", etcétera. Algunas son tan ridículas y tontas, que hasta ofenden la inteligencia de quien las escucha. Generalmente, las personas que usan la excusa como estilo de vida creen que el receptor les cree, y si éste confronta, refuta u objeta de alguna manera, el emisor de la excusa se siente ofendido.

El otro día, por ejemplo, llamé a una persona para pedirle, por sexta vez, que me enviara unos papeles que tenía pendientes de mandar. Me respondió con una nueva excusa, tan tonta como todas las anteriores, la cual confronté diciéndole que esperaba que esta vez sí cumpliera, porque cada día se comprometía a que esa tarde los mandaría y no sucedía, y luego, a mi siguiente llamada me sacaba una nueva excusa para justificar que no lo había hecho. Como siempre sucede con las personas que presentan esta inmadura actitud de justificar su ineficiencia o informalidad con excusas, se indignó por mi comentario, que no llevaba dentro más que la verdad. Una verdad que a los amantes de las excusas no les gusta ver. Esta actitud a mí de veras que no me cabe en la cabeza.

¿Qué hay detrás de las excusas? Por una parte, el temor a ser desaprobado y juzgado como tonto, ignorante, malo o inadecuado por haber cometido un error. Esto se da como consecuencia de haber crecido en un hogar donde se exigía perfección y donde los errores y la imperfección se condenaban fuertemente con burla, sarcasmo, castigo o cualquier otra forma de desaprobación y rechazo. También, detrás de las excusas está la soberbia, que no nos deja soportar la idea de que no somos perfectos e infalibles y de que otros se pueden dar cuenta de ello (¡como si no lo supieran ya!). La falta de madurez y de responsabilidad por las propias acciones, y en general por todo lo que tenga que ver con uno mismo, es otro de los factores que hay detrás de las excusas.

De seguro todos hemos experimentado la sensación de libertad y paz que proporciona el reconocer el error que cometimos y disculparnos por ello, y también el estrés que causa inventar excusas, porque tenemos que seguir creando más y más para sustentar la que ya expresamos, formándose una interminable y angustiante cadena de mentiras que nos impiden tener paz. Asimismo, la imagen personal se deteriora y ensucia ante uno mismo, y por supuesto ante los demás, porque ¡te garantizo que se dan cuenta!

En cambio, reconocer nuestro error, disculparnos por ello, asumir las consecuencias y realizar las acciones necesarias para corregirlo, enaltece nuestra imagen ante nosotros mismos y ante los demás, que sentirán (lo expresen o no) una admiración por tan loable, madura y valiente actitud.

Perdámosle el miedo a reconocer nuestros errores y pedir perdón; démonos permiso de experimentar la agradable, liberadora y satisfactoria sensación que este comportamiento nos deja, y lo orgullosos que estaremos de nosotros mismos.

Vamos madurando y volviéndonos auténticos.

¡Dejemos ya de inventar excusas!

5

¿Son crueles los niños? Enséñales a ser compasivos

Con frecuencia he escuchado a personas que expresan esta idea: "los niños son muy crueles". Aunque suena fuerte, a veces nos parece que es verdad, cuando los vemos burlándose de alguno porque tiene una deficiencia física, cometió un error o le sucedió algo desagradable.

No obstante, yo creo de verdad que no es que los niños sean crueles, sino que no han desarrollado —porque no les hemos enseñado— la capacidad de empatizar, es decir, la capacidad de "ponerse en los zapatos del otro", lo cual es una condición necesaria de la compasión y el respeto.

Hace años, cuando mis hijos estaban en la primaria, llegué un día a recogerlos al colegio. Al entrar al patio vi a un grupito de niños cuchicheando entre sí y riéndose quedito, y a otros riendo abiertamente y hasta a carcajadas. Al subir a nuestro coche pregunté a mis hijos qué sucedía y quedé horrorizada cuando escuché la historia que me contaron, que era la causa de la risa. Resulta que uno de los alumnos del colegio era un niño en cuya cara había marcadas secuelas de las fuertes quemaduras que sufrió años atrás, lo que le daba un aspecto extraño. En ese preciso día, uno de sus compañeros le inventó un horrible sobrenombre que gritó a los cuatro vientos para que todos oyeran; tan horrendo y humillante que ni siquiera me atrevo a escribirlo. Cuando mis hijos me lo contaron no pude contener las lágrimas.

Les dije: "Por favor, ustedes no vayan a entrar jamás en ese horrible juego; por favor, jamás le vayan a llamar de esa manera. Imagínense lo que estará sintiendo en este momento ese pobre niño; cómo estará de lastimado. Además de ese accidente tan tremendo que le sucedió, por lo cual tiene así su carita, todavía tiene que soportar esas burlas tan crueles. Imagínense que ustedes fueran quienes tuvieran ese problema; cómo se sentirían de que se burlaran así de ustedes".

Mis hijos escucharon en un solemne silencio cada palabra que dije. Estoy segura de que estaban poniéndose en el lugar del niño y les dolía. Días después supe por algunos maestros que cuando mis hijos escuchaban a alguien llamar a ese niño por el horrible apodo o burlarse de él, ellos les decían a sus compañeros más o menos las mismas palabras que yo les dije en el coche. Y a su vez esos compañeros las comenzaron a repetir a otros burlones.

Este incidente me hizo pensar y observar mucho la aparente crueldad de los niños, y he llegado a convencerme de que esos actos se deben a que, como mencioné anteriormente, ellos no son del todo conscientes del daño y el dolor que sus acciones están causando.

Hay que enseñarles a ser compasivos; no es cuestión de regañarlos y mucho menos de despreciarlos cuando están siendo crueles, sino de ayudarles a ver lo que no ven. Esto es aplicable a la crueldad de algunos niños hacia los animales. Deben saber que quemar a un animalito, arrancarle las patitas o aventarle pedradas lo hace sufrir inmensamente. Deben saber que los animalitos no están aquí para que los maltraten, sino para que los cuiden y respeten; que son nuestros hermanitos menores y también tienen derecho a compartir este planeta donde todos vivimos. Deben saber, además, que las otras personas tienen sentimientos al igual que ellos y pueden resultar profundamente heridas ante ciertos comentarios o actitudes.

Es muy útil que cada vez que un niño lleve a cabo un acto cruel hacia otro, o hacia un animalito, lo llevemos a imaginar qué sentiría si a él le estuviera sucediendo eso. Esto se llama empatía (ponerse en el lugar del otro) y es un recurso valiosísimo, indispensable para tener relaciones sanas y armoniosas toda la vida.

Yo estoy en total desacuerdo con los padres que, en lugar de enseñarles la empatía y la compasión a sus hijos, los llevan ellos mismos a tirar municiones a los pajaritos o a sacar peces y luego devolverlos al agua con la boca desgarrada y sangrante por el anzuelo. Éstos son actos de crueldad, abuso y agresión hacia los animales; son acciones absurdas y sin sentido, que lo único que provocan es que los niños aprendan a ver el abuso y la agresión como algo normal, y que se crean con derecho a practicarlos sobre otros más débiles e indefensos. Si piensas que esto no influirá en que aprendan comportamientos abusivos y agresivos hacia otros seres humanos, créeme que te equivocas.

La compasión, sin duda, empieza en el hogar. Aportemos algo útil a la sociedad, criando hijos compasivos y respetuosos de los demás.

6

¿Por qué me preocupo tanto por mis hijos?

La mayoría de los padres viven llenos de miedo y preocupados de que a sus hijos les pasen cosas horrendas: imaginan que se los roban, los atropellan, que chocan, se ahogan y una interminable lista de posibles tragedias que pueden suceder a sus hijos.

Nadie se atrevería a negar que todas esas cosas terribles puedan pasar; de hecho, ocurren todos los días. Basta con leer un periódico o escuchar los noticieros para comprobarlo. Indudablemente, es posible que sucedan, pero también es posible que no.

De hecho, las probabilidades de que no sucedan son mayores que las probabilidades de que sí ocurran. No obstante, la mayoría de los padres viven con ese temor constante, el cual determina en gran medida sus estados emocionales y sus conductas tanto personales como en la relación con sus hijos.

Hay muchas cosas que están fuera de nuestro control. Pero vivir llenos de miedo sólo les enseña a nuestros hijos a hacer lo mismo, y sin duda nos impide disfrutar la vida y a ellos por consiguiente.

Si bien puede haber muchas razones por las que los padres viven con tanto miedo y preocupación, aquí comentaré dos: la tendencia a ver el lado oscuro de la vida y lo que yo llamo "incongruencia espiritual".

Refiriéndome a la primera, diría que la mayor parte de los seres humanos tenemos una fuerte tendencia a notar el lado oscuro de la vida, lo cual se traduce en actitudes como fijarnos más en lo que no tenemos que en lo que sí; advertir los errores de nuestros seres queridos en lugar de sus virtudes; hablar de las tragedias que día a día suceden en el mundo, en vez de comentar las cosas buenas que pasan; ensalzar los actos de delincuentes y asesinos hablando en los medios de comunicación una y otra vez de sus fechorías, en lugar de enaltecer la parte sublime del ser humano, dando a conocer los actos elevados y valiosos de tantas personas buenas y maravillosas que hay en el mundo. Éstos son sólo algunos ejemplos de cómo tendemos a ver y potenciar el lado oscuro de la vida. En la relación con los hijos, poner toda la atención en ello lleva a los padres a estar constantemente preocupados.

Cuando hablo de la incongruencia espiritual, me refiero a que muchos padres no son congruentes en absoluto respecto a sus supuestas creencias espirituales, filosóficas o religiosas. Es decir, no son consecuentes con lo que dicen, sienten, piensan y hacen en este aspecto.

Por ejemplo: cuando tus hijos salen de casa a la escuela, al trabajo, a un viaje o a cualquier otro lugar, ¿los bendices o les dices algo así como: "Que Dios te acompañe"? Muy probablemente sí lo haces. Y entonces, ¿por qué te quedas preocupado y con miedo de que les pase algo? ¿Será que en realidad no confías en que esa bendición que les bajas del cielo los envuelve, los guía y los protege a dondequiera que vayan? ¿Para qué, pues, hacer el "teatrito" de la bendición si no vas a confiar en que sirve?

Muy probablemente también oras por tus hijos, pero aun así sigues preocupado de que les suceda algo horrible y que les vaya mal en la vida. ¿Realmente crees que tu oración los protege y les ayuda? ¿En verdad crees que la oración sirve para algo?

Responde a estas preguntas en la honestidad de tu corazón y confronta tu tremenda incongruencia espiritual. Si en verdad creyeras en lo que dices que crees, no vivirías preocupado por tus hijos. Les darías información sobre la vida, instruyéndolos respecto a cómo cuidarse y qué hacer para protegerse en diversas circunstancias; supervisando adónde van, por qué medio, con quién. Los protegerías en la medida que te corresponde y luego los soltarías feliz y seguro de que están guiados y protegidos por ese Poder Superior —comoquiera que lo llames o concibas— al que invocas cuando los bendices y oras por ellos.

Otra faceta de esa incongruencia espiritual es haber olvidado que la justicia divina es perfecta; que lo que tiene que suceder, sucederá, y lo que no ha de pasar no ocurrirá; que si a nuestros hijos no les toca vivir cierta experiencia, no la vivirán, y si les corresponde, tampoco la evitarán. Como dice la sabia tía de mi asistente Ana Mili: "Si te toca, aunque te quites. Si no te toca, aunque te pongas".

7

¿Qué es la crisis de la mitad de la vida?

La palabra *crisis* significa simplemente "cambio o transición". Es un proceso de crecimiento y maduración; se presenta acompañado de síntomas que con mucha frecuencia desconciertan a quien lo está viviendo. Entre los 35 y los 55 años, prácticamente todos viviremos una crisis de autenticidad. Cada persona reacciona diferente a ella: algunos se alejan, otros la bloquean y reprimen hasta que explota, y otros la viven conscientemente y la aprovechan para crecer y volverse más auténticos.

Todo comienza alrededor de los 35 años, como una vaga sensación. Los primeros cambios que notamos son físicos. Si bien al inicio son muy leves, a veces casi imperceptibles, la realidad es que están ahí y se hacen presentes de alguna manera.

Aunque estos cambios físicos se dan tanto en hombres como en mujeres, parece ser que a nosotras nos asustan más, ya que existe una fuerte presión social sobre las mujeres que nos "exige" mantenernos bellas, jóvenes, firmes, etcétera, y si no cumplimos con esos parámetros nos sentimos inadecuadas y menos valiosas. Los hombres no experimentan esta presión social por mantenerse jóvenes. A ellos se les "permite" tener canas (nosotras nos las pintamos), arrugas (nosotras usamos toda clase de tratamientos para borrarlas), panza (nosotras debemos eliminarla con ejercicio o cirugía si es preciso). Esta presión social sobre las mujeres hace que muchas sucumban a ella y sufran de verdad por la inevitable realidad de envejecer.

Todo esto se acrecienta por el constante y agobiante bombardeo que los medios de comunicación ejercen, reforzando esa obsesión por la juventud que la sociedad actual presenta. Hace unos días, por pura curiosidad me puse durante una hora a brincar de un canal de televisión a otro, para contar las veces que en los comerciales de televisión se menciona la palabra "joven" o "juventud" y sus derivados (como: verte equis años más joven, piel más joven, disminuir las arrugas, etcétera): ¡fueron 16 veces! ¡Es un verdadero lavado de cerebro! No nos extrañe que la mayoría de las mujeres sufran por la pérdida de la lozanía y la juventud, y lleguen a despreciar o hasta odiar su cara y su cuerpo.

En el aspecto familiar, con frecuencia se junta la crisis de la adolescencia de los hijos con la crisis de la mitad de la vida que los padres experimentan, generando un verdadero caos en la relación entre ambos, que hace difícil encontrar caminos de comunicación. Se presenta también el momento del "nido vacío", que deja a los padres sin la fuerte distracción que son los hijos, surgiendo así todos sus asuntos de pareja no resueltos, así como los conflictos internos individuales, que estuvieron tapados por las distracciones que el día a día con los hijos nos proporciona.

Esto puede generar que la pareja explote y se separe, o que, en el mejor de los casos, llegue a una redefinición de su relación, en su nueva circunstancia. Eso es por supuesto lo más sano. En el aspecto individual, quedarnos sin la distracción de los hijos es una maravillosa oportunidad que puede llevarnos hacia sanos caminos de búsqueda interior y curación a través de cualquiera de los tantos medios que existen para ello.

En el aspecto social, ésta es una poderosísima etapa de la existencia, porque nos hemos vuelto más sabios por las experiencias de la vida, y como consecuencia hemos desarrollado un "buen juicio"; porque somos la generación que comanda y guía; porque tenemos una gran capacidad de generar y crear, como resultado de la potente combinación de experiencia y juventud, puesto que todavía no somos viejos.

En el aspecto laboral, los hombres generalmente experimentan una serie de cuestionamientos acerca de las elecciones que han hecho a lo largo de su vida y acerca de sus logros profesionales. Es muy común que algunos se sientan frustrados y abrumados por tormentosos pensamientos como: ya debería tener una casa propia; mis planes eran que a esta edad ya iba a tener tales logros, o tal negocio, o tal cantidad de dinero, etcétera. Esto provoca la llamada "aceleración de la carrera", lo que significa que se esfuerzan intensamente por ganarle al tiempo y aprovechar al máximo la etapa productiva que les queda, para obtener los mayores logros posibles. Esto sucede con más frecuencia a los hombres que a las mujeres, debido al papel que ellos desempeñan tanto en la familia como en la sociedad.

Sea como sea, esta "mitad de la vida" es una etapa intensa, profunda, que nos mueve inevitablemente a reevaluarnos, renovarnos, redefinirnos. Estar preparados para reconocer y convertir en algo positivo los cambios que experimentamos en el cuerpo, las emociones, la mente y el espíritu, nos ayudará a transformar la angustia por envejecer en una poderosa fuente de madurez y sabiduría, y a abrirle los brazos a esta etapa de cosecha, productividad y reconciliación con la vida.

8

¿Las fobias se curan?

Es completamente normal que todos en algunas ocasiones experimentemos miedo. Este sentimiento siempre viene acompañado de ciertas reacciones físicas, tales como aceleración del ritmo cardiaco y respiratorio, tensión muscular, erizamiento del vello, sudoración, etcétera. Ésta es la forma natural y espontánea en que nuestro cuerpo se prepara para huir o para defenderse.

La fobia, por el contrario, es un trastorno psicológico que podríamos definir como un miedo irracional, exacerbado e incontrolable hacia algún objeto o situación, lo cual afecta todas las áreas de la vida de quien la padece, debido al hecho de que la persona evitará infinidad de experiencias, lugares y situaciones, por miedo a un posible encuentro con el objeto fóbico.

Las fobias son aprendidas; no significa que se aprenda el miedo, sino que se aprende a reaccionar con miedo ante cierto objeto o situación. A veces inician después de una experiencia traumática con el objeto fóbico; por ejemplo, se puede desarrollar una fobia a los perros después de haber sido atacado por uno. Pero a menudo no parece haber una experiencia así, anterior al desarrollo de la fobia, y ésta simplemente aparece. El objeto fóbico es de alguna manera una metáfora o un símbolo del conflicto interno que la genera.

Cuando la persona que padece una fobia se encuentra frente al objeto o en la situación fóbica, tiene fuertes reacciones de miedo extremo y angustia, tales como sudoración, llanto, gritos, aceleración del ritmo cardiaco y respiratorio, y en ocasiones hasta una especie de paralización de sus extremidades, que aumenta la angustia por la sensación de no poderse mover. Aunque puede ser que reconozca que su miedo no tiene sentido ni razón de ser, simplemente no puede evitarlo. Por eso se dice que las fobias son miedos irracionales. Pongamos un ejemplo: una persona tiene fobia a los gusanos (helminofobia). Aun entendiendo que son miles de veces más pequeños que ella, que tiene más poder que ellos porque los puede pisar, que puede correr y los gusanos nunca la alcanzarán, y que son inofensivos, todas estas racionalizaciones no detienen la reacción fóbica ni la evitan en situaciones futuras.

Existen docenas de fobias, desde las más comunes —a las abejas (apifobia), a los perros (cinofobia), a las arañas (aracnofobia), a los lugares abiertos (agorafobia)— hasta algunas muy extrañas —como la fobia al sol (heliofobia), a la niebla (homiclofobia), al viento (aerofobia), al oro (aurofobia) o a caminar (ambulofobia)—.

No importa cuán común o extraña sea una fobia, todas tienen solución. Hay diversos tipos de tratamientos para curarlas. Algunos aplican las técnicas de la terapia cognitivo conductual, como la desensibilización sistemática, las aproximaciones sucesivas y otras, las cuales, siguiendo un método bien planificado por el terapeuta, llevan a la persona a exponerse, paulatinamente y bajo control, al objeto o situación fóbica, con el fin de desensibilizarla ante ello. Otro tipo de enfoques para curar las fobias son el psicoanálisis, la hipnoterapia y la programación neurolingüística, que también abordan de manera muy eficaz este problema. En muy raros casos, la persona necesitará medicación, y esto deberá ser evaluado por un psiquiatra competente.

Las fobias se pueden presentar tanto en niños como en adultos, pero no es necesario que la persona que la padece se pase la vida sufriendo y privándose de realizar ciertas actividades o de ir a determinados lugares, por miedo a un posible encuentro con el objeto o la situación que disparan su reacción fóbica. La ayuda profesional está disponible para todos y, en la gran mayoría de los casos, aporta magníficos resultados.

Para un amplísimo listado de los muchos tipos de fobias que existen, recomiendo visitar la página www.fobias.net.

9

¿Por qué los adolescentes hacen tanto ruido?

En infinidad de ocasiones me lo he preguntado. He leído muchas explicaciones de expertos, he llegado a algunas conclusiones por mí misma, y todavía no doy con la respuesta que me satisfaga al cien por ciento. Quizá no hay una sola y todas tengan algo de verdad. De hecho, si las combino todas quedo bastante satisfecha con el resultado.

El hecho innegable es que donde hay adolescentes, hay ruido… ¡y mucho! Si hay dos o más platicando, lo hacen a gritos; es muy improbable encontrar adolescentes hablando en voz baja y con un lenguaje corporal sereno. Si escuchan música, el volumen tiene que estar altísimo; todo es alboroto, manoteos y escándalo cuando están juntos. ¡Ah, qué etapa de la vida tan interesante!

¿Por qué los adolescentes son tan ruidosos? ¡Sólo Dios lo sabe! Porque ni siquiera ellos. Hace poco se lo pregunté tan dulcemente como pude a un grupo de cuatro que se encontraban junto a mí en la sala de espera de un aeropuerto, haciendo una enorme alharaca. Con gran entusiasmo y toda clase de manoteos y movimientos, uno me contestó: "No sé… pues… ¡porque así somos!"… y acto seguido los cuatro soltaron una estruendosa carcajada y continuaron con su eléctrico escándalo. Me dediqué a observarlos con una mezcla de fascinación, cariño y enfado hasta que llegó la hora de abordar el avión, rogando que sus asientos quedaran muy lejos del mío; por fortuna así fue.

Lamentablemente, no sé cómo hubiera respondido a esta pregunta cuando yo tenía esa edad. Aunque no era escandalosa o rebelde en extremo, sí recuerdo muchos episodios de pláticas ruidosas, drama y ridículo histrionismo con mis amigas, por cualquier cosa o causa, lo que nos atraía las miradas —a veces muy desaprobatorias— de cuantos estaban a nuestro alrededor o pasaban junto a nosotros.

¿Por qué los adolescentes necesitan hacer tanto ruido? Yo he llegado a la conclusión de que éste es uno de los grandes misterios de la vida. Pero por hoy me quedaré con lo que antes comenté: no hay una respuesta única y todas las propuestas sin duda tienen algo de verdad. Yo te las presentaré a continuación y tú sacarás tus propias conclusiones.

- Están en un momento de muchos cambios a nivel físico, emocional, mental y espiritual. Enfrentan demasiados procesos internos que les causan confusión, dudas y desasosiego; por lo tanto, necesitan que el ruido los distraiga y los saque de las profundas transformaciones que están enfrentando y que sin lugar a dudas a veces pueden ser abrumadoras.
- Debido a que en esta etapa de la vida la "tarea" es establecer su propia personalidad y su propia filosofía de la vida, su psique desarrolla una peculiar característica, que es la rebeldía. A través de su ruidosa conducta, van en contra de las normas establecidas por los adultos.
- Su cerebro no ha terminado de madurar cierta área de la corteza que tiene que ver con procesos mentales abstractos y con el raciocinio maduro o adulto. Por lo tanto, tienen que "vivir fuerte": escuchar fuerte, actuar fuerte, percibir fuerte, expresar fuerte, para poder internalizar y procesar las múltiples experiencias que viven día a día. Como si tuvieran que experimentar la vida "con lupa" para poder procesarla.
- Esa actitud de gritar, manotear y hacer tanto escándalo les da una sensación de poder y seguridad. A través de ella "se

hacen presentes" en el mundo, dondequiera que se encuentren. Por medio de ella se dicen a sí mismos y le dicen al mundo: "¡Aquí estoy!"

- Su gran actividad hormonal les proporciona altos niveles de motivación y entusiasmo, que se "transpiran" en su manera de actuar.
- Un gran frenesí los invade, debido a todo lo nuevo que experimentan y hacen al llegar a esta etapa y que no experimentaban ni hacían cuando eran niños: salen solos, van a fiestas, se enamoran, toman decisiones, aprenden a manejar y mucho más.
- Simplemente... ¡porque son adolescentes!

Sea como sea, el hecho es que, como dijo no me acuerdo quién: "¡Lo mejor de la adolescencia es que algún día pasa!"

10

¿Depresión o ingratitud?

La depresión es un tema sobre el que por fortuna mucho se ha investigado y se cuenta con amplia información y soluciones al respecto.

Existe un tipo de depresión "endógena", que de manera general definiré como aquella cuya causa se debe a ciertos desbalances químicos en el cerebro y, en algunos casos, en los niveles hormonales. La depresión llamada "reactiva" o "exógena" es aquella que se produce cuando la persona pasa por una experiencia difícil, como la pérdida de un ser querido, de la salud, del trabajo, o un problema de cualquier otra índole, que le genera tristeza y dolor.

Una persona que padece depresión debe entender que ésta, sea del tipo que fuere, es totalmente curable y no tiene por qué vivir sufriendo. Es necesario que sea diagnosticada y atendida por un especialista, y seguir al pie de la letra sus indicaciones y prescripciones.

No obstante, yo tengo la impresión de que hay otro tipo de depresión, al que llamo "de ingratitud" y que surge de nuestra incapacidad de valorar, apreciar y agradecer ¡todo! lo que tenemos.

La depresión de ingratitud, más que del cuerpo o de las emociones, es una enfermedad del alma. Nos hemos desconectado de nuestra naturaleza superior; ponemos nuestra atención en lo que NO tenemos, en lugar de en lo que sí; en los errores que cometen nuestros seres queridos, en lugar de en sus aciertos; en nuestras ilusorias razones para quejarnos de la vida, en lugar de apreciarla y honrarla.

Cuando padecemos una depresión de ingratitud somos incapaces de expresar agradecimiento o siquiera de reconocer las muchas cosas buenas que se nos han dado. Creamos una larga lista de quejas y dedicamos mucho tiempo y energía a sostenerla y validarla. Y por supuesto… ¡nos deprimimos! La queja y las expresiones corporales que la acompañan (como la cara de "fuchi") son el lenguaje típico de la depresión de ingratitud. Ésta tiene claros síntomas: aburrimiento, desmotivación, quejas constantes, mal humor y la ya mencionada cara de "fuchi", entre otros.

He conocido gente que se deprime por cosas tan ridículas como que su marido le compró una camioneta azul y le hubiera gustado más una gris; porque perdió su equipo de futbol favorito; porque no pudo irse de vacaciones a un destino internacional y tuvo que conformarse con uno nacional, etcétera. Es totalmente normal que sintamos cierto grado de frustración o tristeza —que pronto pasará— cuando cosas como éstas suceden, pero hay quienes realmente se deprimen por tales situaciones.

En un curso que impartió Alejandro Jodorowsky, en el cual tuve la fortuna de estar presente, uno de los asistentes contó que estaba profundamente deprimido desde hacía varios años, durante los cuales había llevado toda clase de tratamientos médicos, psicoterapéuticos y alternativos y nada le había funcionado. Jodorowsky le dijo: "Si realmente quieres curarte, sal de tu casa sin un peso y no regreses por tres semanas. Vive y duerme en la calle, pide limosna, busca comida en los basureros, pasa fríos y calores, hambre y sed, miedo y soledad. Después de esas tres semanas regresa a tu casa y verás cómo tu depresión se cura".

La depresión de ingratitud se sana, pues, con humildad para apreciar y agradecer todo lo que somos y tenemos; con disposición para hacer un recuento de todas nuestras bendiciones y compartirlas con quienes amamos; con voluntad para reconocer nuestros talentos y usarlos para nuestra autorrealización y gozo y el de otros; con la decisión de poner nuestra atención cada día en lo que sí tenemos y sí podemos, en lugar de en lo que no, y con desarrollar el hábito de imaginar, cuando nos quejamos por alguna parte de nuestro cuerpo, por alguno de nuestros seres queridos o por cualquier otra cosa, cómo sería la vida sin ello. La buena noticia es entonces que la depresión de ingratitud sí es curable.

11

¿Cómo entenderte mejor con tus hijos?

Pareciera que comunicarnos los unos con los otros debería ser fácil y natural. La verdad es que no lo es, debido al hecho de que cada uno de nosotros trae una "maleta" llena con las experiencias de su historia personal, las cuales nos van moldeando e influyen en gran medida en nuestra percepción, sentimientos, creencias y comportamientos. De esta manera, lo que para una persona significa una cosa, para la otra tiene un significado totalmente diferente.

Así, pues, en la vida cotidiana todos los días nos topamos con una infinidad de fallas en la comunicación con nuestros seres queridos, las cuales en la mayoría de los casos son más fáciles de solucionar de lo que nos imaginamos. Pero como por lo general no somos conscientes de ellas, tampoco se nos ocurren las soluciones.

Veamos algunos ejemplos. Si tú le dices a tu hijo: "arregla tu cuarto", tanto para ti como para él esa expresión tiene significados diferentes. Quizá tú lo que deseas es que tienda la cama muy lisita y parejita, que ponga la mochila sobre el escritorio, la ropa sucia en el cesto, los juguetes en la caja, los colores en el bote y los libros en el librero. Pero para tu hijo tal vez ese "arregla tu cuarto" significa tapar la cama con la colcha para que no se vea el desastre de sábanas que está abajo, amontonar todo lo posible sobre el escritorio y otro tanto en el clóset, para ocultar el desorden. Luego llegas tú a revisar y se desata un conflicto, porque eso no es lo que esperabas cuando dijiste "arregla tu cuarto".

En otra situación, puede ser que le hayas dicho a tu niño: "Si te portas bien mientras esperamos a que nos atienda el doctor, te voy a comprar una nieve al salir". Y resulta que el niño jura que se portó bien, pero eso no es lo que tú consideras portarse bien y por lo tanto no le compras la nieve… y luego… conflicto seguro.

Y tal vez le dices a tu adolescente que si coopera en casa, el fin de semana le comprarás esos tenis que quiere. Llega el día fijado para la "evaluación" de su desempeño y… conflicto seguro, porque lo que tu adolescente considera haber sido súper cooperativo, para ti es no haberlo sido en absoluto.

¿Qué hay que hacer entonces? Tan simple como ser muy, pero muy específicos en nuestra manera de comunicarnos. Si le dices a tu hijo "arregla tu cuarto", explícale con todo detalle a qué te refieres. En lugar de decirle: "Si te portas bien mientras esperamos a que nos atienda el doctor, te compraré una nieve al salir", dile de manera específica: "Si no te pones a brincar en los sillones y te quedas sentado en lugar de andar corriendo y gritando mientras esperamos al doctor, te compraré una nieve al salir". Así también, en vez de decirle a tu adolescente: "Si cooperas en casa te compraré los tenis el fin de semana", adviértele específicamente: "Si lavas los trastes de la cena todas las noches, el fin de semana te compraré eso que quieres".

Asimismo, es muy importante desarrollar el hábito de preguntar a nuestros seres queridos y —en el caso que nos ocupa en este apartado— a nuestros hijos a qué se refieren cuando nos comunican algo. Por ejemplo, si tu adolescente te dice: "Es que tú no me entiendes y no me apoyas", antes de empezar a discutir o a defenderte (como generalmente hacemos), pregúntale: "¿A qué te refieres? ¿Qué necesitas que haga para que sientas que te entiendo y te apoyo?"

Comprobarás que con esta sencilla herramienta, la comunicación con tus seres queridos, con todas las personas con quienes interactúas y hasta contigo mismo, se volverá más clara, fluida, agradable y efectiva.

No demos por hecho que las palabras abstractas significan lo mismo para todos. No es así. ¡Cada cabeza es un mundo!

12

¿Qué hay detrás de la flojera?

La pereza, más comúnmente llamada flojera, es tal vez uno de los defectos humanos que más se desprecian. Desde que somos niños nos enseñan con vehemencia que es mala, peligrosa, indeseable y ¡pecado capital! Los padres y los maestros no soportan ver a un niño flojo, y los adultos perezosos son repudiados y juzgados.

Aun cuando todos tenemos ratos o etapas en que sentimos flojera y desmotivación, hay personas para quienes ése es su estado normal. Pareciera que esa gente a la que llamamos floja no tiene energía vital; cualquier actividad que realiza le exige más esfuerzo que a la mayoría de las personas. En casos extremos, y tal como lo decimos de manera popular, le tiene que pedir permiso a sus brazos para moverlos y convencer a sus piernas para que caminen. Deja casi todo inconcluso, tiene una enorme pila de pendientes por hacer en la vida y una gran incapacidad para tomar medidas al respecto.

Los perezosos reciben mucho rechazo y regaños por parte de quienes los rodean; ellos mismos se rechazan y regañan a sí mismos, y como es de suponer, sienten mucha culpa. Es muy importante entender que la persona perezosa no lo es por gusto, mucho menos por decisión. Los que tenemos capacidad de acción podemos llegar a creer que nomás es cuestión de que quieran, hagan a un lado la flojera y ¡actúen! Pero hay mucho más que eso detrás de la flojera.

Hay varias posibles razones para que una persona experimente esa apatía y aplanamiento al que llamamos pereza: por una parte, puede ser síntoma de una depresión no identificada como tal y por lo tanto no atendida; también puede deberse a deficiencias nutricionales, e incluso podría ser señal de algún problema glandular que crea desequilibrios químicos en el cuerpo, o quizá el indicio de una enfermedad enmascarada o todavía no manifestada.

Pero en el plano psicológico, lo que hay detrás de la flojera son sentimientos viejos, bloqueados, negados y reprimidos, que merman y ahogan el flujo energético de la persona, llamado *eros* o fuerza vital, la cual deja de fluir y se encuentra estancada, atorada, y para decirlo en términos muy simples, le baja la batería. Esos sentimientos son por supuesto dolorosos o amenazantes, difíciles de enfrentar, por eso es que la persona los ha bloqueado. Es necesario entender que el hecho de negarse a reconocer un sentimiento no significa que éste se vaya; ahí se queda, sigue existiendo y afectando la vida, y buscará salidas sustitutivas, patológicas, para manifestarse.

A una persona que experimenta esa clase de "pereza existencial" le conviene buscar ayuda profesional, médica, nutricional y psicológica, para recuperar el aliento de vida que se le ha apagado. Quienes viven a su lado necesitan apoyarla para dar el primer paso, hacer la cita, acudir a ella y seguir las indicaciones recomendadas, ya que, como mencioné, a estas personas les cuesta inmensamente realizar acciones que para cualquiera de nosotros pueden ser la cosa más fácil. Asimismo, la persona afectada de flojera crónica necesita tener la disposición para reconocer que requiere ayuda y para dejarse ayudar, poniendo todo de su parte a fin de resolver el problema.

La flojera no es natural al ser humano. Estamos diseñados para tener energía vital, motivación, entusiasmo y capacidad de acción; cuando las cosas no funcionan así, es que algo anda mal, y la buena noticia es que tiene solución.

13

¿Tu hijo hace "pipí" en la cama?

A este hecho se le conoce como "enuresis nocturna", la cual se diagnosticará como tal si el niño hace pipí en la cama mientras duerme, después de haber cumplido los cuatro años. Existe también la "enuresis diurna", pero en este espacio me enfocaré en la nocturna, que en mi experiencia profesional parece ser la que vuelve locos a los padres, tal vez —entre otras cosas— porque implica tener que lavar sábanas y pijamas y asolear colchones casi todos los días, tareas que pueden resultar agobiantes para quien las lleva a cabo.

Los niños que padecen enuresis nocturna suelen sentirse avergonzados, sucios, culpables y ansiosos, y esto con frecuencia es reforzado por la respuesta inadecuada que muchos padres tienen al respecto, castigando al niño, agrediéndolo, burlándose y hasta golpeándolo. Los padres de un niño que padece esta problemática deben entender que no lo hace por maldad o con mala intención; ni siquiera con intención.

Anteriormente, la enuresis nocturna se consideraba un problema netamente psicológico y emocional, y esto suponía que los padres no estaban haciendo bien su función. Si bien es cierto que la enuresis puede tener un fuerte componente psicológico y emocional, también es verdad que hay otros factores que la causan, por ejemplo:

- Factores fisiológicos: vejiga muy pequeña o niveles muy bajos de la hormona antidiurética llamada *vasopresina*. Esto se explica así: el cerebro produce niveles más altos de dicha hormona durante la noche, haciendo que el riñón libere menos agua. En los niños con enuresis puede que no suceda este aumento nocturno en los niveles de dicha hormona.
- Factores neurológicos: el sistema nervioso del niño no ha alcanzado la madurez necesaria para percibir cuando la vejiga está llena.
- Factores psicológicos: conflictos familiares, falta de atención y amor, temores, ansiedad, soledad, inseguridad.
- Factores genéticos: en las familias con padres que tuvieron enuresis, existe una alta probabilidad de que el hijo también la presente (aproximadamente un 44 por ciento si uno de los padres fue enurético y 77 por ciento si ambos lo fueron). Cuando éste es el caso, los padres inconscientemente ven proyectado en su hijo al niño/a que ellos fueron, reviviendo todo el dolor y la vergüenza que en su momento les hicieron experimentar, y sintiendo gran enojo y rechazo hacia su hijo, como proyección del enojo y el rechazo que en su infancia sentían hacia sí mismos por ser "niños sucios y malos".

A veces sucede que el niño presenta una "regresión", es decir, comienza de nuevo a orinarse en la cama después de meses o años de ya no hacerlo, como consecuencia de cierto evento en su vida que le afecta emocionalmente; por ejemplo: la pérdida de un ser querido, la llegada de un nuevo hermanito, el divorcio de los padres, el cambio de residencia o de escuela, etcétera. En estos casos, el niño necesita apoyo psicológico para poder superar esa situación y la enuresis se corregirá por añadidura.

La enuresis tiene solución y con mucha frecuencia se corrige sola, pero es muy conveniente que los padres acudan a un especialista, ya sea el pediatra o un urólogo para determinar si las causas son físicas, o si es necesaria la intervención de un psicólogo cuando éstas son de origen emocional. En ambos casos, el especialista diseñará un "plan de acción" y aconsejará a los padres sobre el manejo adecuado de la situación.

A fin de cuentas, la actitud de los padres es un factor decisivo en la solución de la enuresis. Insisto una vez más en que no deben regañar ni castigar al niño; tampoco burlarse de él o ridiculizarlo ante los demás. Una actitud amorosa y comprensiva y la atención profesional adecuada le ayudarán a salir adelante, sin que la enuresis deje huellas en su autoestima y en su bienestar emocional.

14

¿Por qué algunos niños no quieren comer?

No hay duda alguna de que comer es uno de los grandes placeres humanos; una acción espontánea y natural que como tal es parte de la vida. A mí, como a muchas personas, me encanta la comida, aunque de pequeña las cosas no eran así. Mi propia experiencia como niña que no quería comer me ha sido muy útil para comprender a estos niños y apoyar a sus padres.

Cuando un niño se niega a comer, se debe a ciertas razones que es necesario revisar y poner manos a la obra para solucionarlo. Los padres de estos niños experimentan gran preocupación, dudas, frustración y desesperación; a veces se dan muchos conflictos de pareja originados por su estado emocional y por las diferencias de opinión en cuanto a la forma correcta de abordarlo. Los niños, por su parte, están también estresados y angustiados. Es sorprendente cómo este hecho puede ensombrecer y afectar la vida familiar.

Obtener la atención de los padres es una de las posibles razones por las que un niño no quiere comer, ya que generalmente este hecho provoca que uno de ellos, o ambos, le preparen comida especial o en recipientes especiales, con la esperanza de que de esa manera se decida a comer, haciendo entonces que el niño se sienta especial aunque sea en esos momentos. Otros padres abordan el problema permaneciendo al lado de su hijo por horas, rogándole y dándole de comer en la boca. ¿Qué podría ser más gratificante para un niño necesitado de atención?

Necesitar atención no es algo malo en sí mismo, todos los niños la necesitan, pero cuando esta necesidad es muy marcada, sólo habla de carencias afectivas. Es muy importante el "cómo" les damos la atención a nuestros hijos, porque cualquier conducta que se la proporcione, la seguirán repitiendo sin duda alguna. Si dejar de comer le aporta al niño la atención que requiere, seguirá presentando esa conducta. Por otra parte, la cercanía y la atención especial que el niño recibe mientras sus padres están aplicados en hacerlo comer, de manera simbólica suplen la satisfacción del hambre física, como si el hambre emocional fuera prioritaria y al ser satisfecha en esos momentos el hambre física se desvaneciera. Extrañamente, aun cuando la "atención especial" del momento esté acompañada de gritos, regaños y hasta golpes por la frustración e impotencia de los padres, el niño prefiere eso a ser ignorado por ellos: "Rómpeme, mátame, pero no me ignores".[1]

Otra de las causas posibles de que un niño se niegue a comer es que esté deprimido. Muchas personas suponen que los niños no se deprimen, pero ¡por supuesto que sucede! Hay infinidad de razones por las que un niño puede llegar a deprimirse, como la muerte de un ser querido, el no sentirse amado y aceptado, o la existencia de problemas familiares.

Puede existir también algún problema orgánico que provoque la falta de apetito y el desinterés del niño por la comida. Éste puede ser un mal funcionamiento endocrinológico, desequilibrios bioquímicos en su cerebro (a veces hereditarios), o la simple carencia de ciertos nutrientes (vitaminas, minerales y proteínas).

Sea cual fuere la causa de que un niño no quiera comer, es de suma importancia que sus agobiados padres comprendan que esto tiene solución y que pongan manos a la obra para encon-

---

[1] Frase tomada de la canción "Rómpeme, mátame", del grupo Trigo Limpio.

trarla, porque esa conducta infantil y la dinámica familiar que se desata alrededor de ella pueden ser el inicio de problemas futuros, mayores y más profundos, en cuanto al tipo de patrones que ese niño desarrolle en su relación con la comida y en sus relaciones interpersonales. El primer paso es identificar la causa que se esconde detrás de ese comportamiento, para que las medidas que se tomen sean las más adecuadas y efectivas.

Es necesario acudir con el pediatra para descartar posibles problemas físicos y también reconocer cuando la situación se ha salido del control de los padres, que ya no encuentran el camino, y buscar ayuda psicológica profesional para desarrollar un plan de acción. Éste es un problema sumamente común, y solucionarlo es por lo general más sencillo de lo que se cree, pero es preciso encararlo y atenderlo.

15

¿Qué necesitan los hijos de su padre?

En este momento me encuentro en la sala de espera de un aeropuerto, escuchando fascinada a un hombre de unos 40 años que está sentado junto a mí, hablando por teléfono con su hija. Por la forma en que se dirige a ella, deduzco que es una niña. Me imagino lo feliz, segura y amada que ella debe sentirse, así como todos los hijos de padres que son capaces de expresarles su amor y ternura, y de apoyarlos emocionalmente, tal como escucho que este hombre lo está haciendo: le dice a su hijita que no se preocupe (no sé de qué), que él llegará pronto y la abrazará, y verán cómo lo resuelven. Luego se despide expresándole toda clase de palabras tiernas, y con un dulce y convincente tono de voz que no deja lugar a dudas, le dice que la adora.

Este apartado está dirigido muy especialmente a los padres, por lo que ofrezco una disculpa a las mujeres que me hacen el honor de leer este libro.

Hoy me dirijo a ustedes, señores, movida por el profundo deseo de hacerles ver lo mucho que un padre influye en la vida de sus hijos. Por eso, con todo mi ser quiero decirles: *¡por favor adoren a sus hijos!*

- Exprésenles su amor con palabras, abrazos y besos. No den por hecho que ellos saben que los aman; necesitan escucharlo y sentirlo.

- Cuando sus hijos cometan un error, aliéntenlos y muéstrenles el camino correcto, en lugar de rechazarlos o hacerlos sentir avergonzados, culpables y malos.
- Cuando les den dinero para la colegiatura, los tenis, la comida, el cine, háganlo con gusto, en vez de ponerles mala cara y dar ese dinero con reclamos y quejas. Como padres, les corresponde cumplir con el sagrado compromiso de mantenerlos y satisfacer sus necesidades.
- Cuando les den un consejo, háblenles de las experiencias de su vida que les llevaron a aprender esas lecciones.
- Permítanles "ensuciarse con el lodo de la vida", aprendiendo, levantándose, afrontando y solucionando por sí mismos, para que se conviertan en personas responsables, maduras y fuertes.
- Cuéntenles acerca de sus sueños, sus proyectos, sus dudas y certezas y sus reflexiones profundas sobre la vida.
- Cúmplanles todo lo que les prometan, para que ellos puedan aprender a confiar y a creer.
- Díganles NO firmemente cuando tengan que hacerlo, aunque se enojen y lloren, porque así desarrollarán tanto la habilidad de adaptarse a todas las situaciones de la vida, como la fortaleza interior para sobrevivir emocionalmente a las etapas difíciles.
- Ámenlos incondicionalmente, y cuando los reprendan por algo, déjenles saber que desaprueban esa conducta, pero de todas maneras los siguen amando.
- Denles las gracias por todas las bendiciones que ellos han traído a su vida.
- Acéptenlos tal como son, porque lo que más necesita un hijo es gustarles a sus padres y saberse aceptado, amado y aprobado por ellos.

Y así, señores, podrán respirar profundo, con la paz que da la "misión cumplida". Porque pueden estar seguros de que habrán hecho de sus hijos personas buenas, productivas, sanas y felices.

16

¿Cómo convencer a los adolescentes?

Parece ser que los adultos no estamos teniendo éxito en "venderles la idea" a los adolescentes sobre muchos aspectos de la vida, porque por lo general ellos no "la compran". O, dicho de otra forma, al parecer no toman en cuenta nuestros consejos y recomendaciones, seguramente porque no los convencen.

En primer lugar, comprendamos que infundir miedo a los adolescentes es inútil y, por el contrario, puede que les haga más atractivo eso que pretendemos que teman; recordemos que en esta edad les gusta la adrenalina, lo prohibido, lo aventurado y lo riesgoso. Por otra parte, infundir miedo es la estrategia más absurda, inútil y enfermiza que las autoridades de todo tipo han usado para controlar a lo largo de la historia. Y basta ver adónde ha conducido al género humano, para convencernos de que no funciona. De la misma forma, tratar de asustar a los adolescentes para controlar su conducta sólo trae resultados indeseables.

No existe una receta o un manual de instrucciones al respecto, pero voy a proponerte algunas alternativas que en mi experiencia personal y profesional han resultado útiles y eficaces.

En general, cuando un adolescente comprende el porqué o el por qué no de algo, tiene mayor disposición para llevarlo a cabo, o no. Por esta razón, es importante que les ayudemos a ver las posibles consecuencias de sus actos y sus decisiones, pero basándonos en la realidad y la verdad y no en supuestos, amenazas o situaciones que les provoquen miedo.

Por ejemplo, para apoyar a un adolescente a fin de que tome decisiones adecuadas respecto de su sexualidad, yo le diría, sin tono de amenaza o juicio y sin una actitud de sabelotodo, algo como esto:

"La adolescencia no es el mejor momento para tener relaciones sexuales, porque el sexo es una experiencia sumamente íntima y profunda, no sólo física, sino energética (emocional, mental y espiritual), y mueve muchas emociones que en la adolescencia tal vez no se tenga la madurez necesaria para manejar. Como tú has visto, hoy te fascina un niño (o niña), pero el mes pasado era otro, y probablemente la próxima semana será uno diferente, lo cual no está mal, es parte de tu desarrollo emocional; pero si te involucras sexualmente, es muy probable que experimentes muchas pérdidas dolorosas y traumáticas. Por otra parte, al tener relaciones sexuales, aun cuando te cuides con algún método anticonceptivo, e incluso con un condón, necesariamente corres el riesgo de adquirir una enfermedad venérea (explicar cuáles y cómo son) o de quedar embarazada (o embarazar), porque nada garantiza al cien por ciento que esto no suceda. ¿Recuerdas tus sueños de irte de viaje? Tendrás que decirles adiós, porque deberás enfrentar la responsabilidad de atender y mantener a ese bebé. Tus salidas de fin de semana, que te fascinan, pasarán a la historia y en su lugar estarás cuidando a tu bebé. La adolescencia no es el momento de adquirir estas responsabilidades que corresponden a la edad adulta. Es el momento de disfrutar con tus amigos, viajar, bailar, aprender."

Otro ejemplo: muchos padres me escriben correos electrónicos muy preocupados porque su hijo/a está consumiendo marihuana y al confrontarlo les responde que no hay problema, que la marihuana no hace daño, que es buena, que les ayuda a ser más creativos, etcétera. Incluso a mí, cuando imparto conferencias para jóvenes sobre adicciones, muchos me hacen el mismo tipo de comentarios sobre la marihuana. Mi pregunta siempre es: ¿quién te dijo? ¿Tu amigo que también consume? Y los insto a encontrar la verdad al respecto, buscando información real y científica, no la que proviene de quienes no saben.

Así, también a los padres angustiados que me hacen las preguntas mencionadas en el párrafo anterior, les recomiendo que digan: "Mira, hijo, vamos a buscar la verdad, porque ni tú ni yo sabemos". Si el muchacho reclama que él sí sabe, no discutan; sólo díganle que está bien, pero que ustedes no saben, por eso necesitan información. Entonces siéntense frente a la computadora con su hijo y tecleen en el buscador: "efectos del consumo de marihuana" (o cualquiera que sea el tema sobre el que tienen dudas y desacuerdos) y encontrarán la verdad junto con su hijo; una verdad que no tiene nada que ver con el concepto que la mayoría de los jóvenes tienen sobre la marihuana —proveniente de la desinformación— y en cambio sí tiene todo que ver con la cruda verdad de los desastrosos efectos irreversibles que esta sustancia provoca en todas las áreas de su persona y para el resto de su vida.

De esta manera acompañamos al joven a comprender que todo acto tiene consecuencias imposibles de evitar, las cuales hay que asumir. La información es una bendición y es por mucho la mejor prevención. Con base en ella y en una visión honesta de la realidad, nuestros amados hijos estarán en condiciones de tomar mejores decisiones.

17

¿Hermanos y enemigos? La rivalidad entre hermanos

Casi en todo curso o conferencia que imparto, surge alguna pregunta sobre este tema que preocupa y confunde a los padres: "¿Por qué mis hijos pelean tanto?", "Mi hijo molesta constantemente a su hermano, ¿cómo soluciono este problema?"

En principio, es necesario comprender que aunque la rivalidad entre hermanos se manifiesta de forma diferente entre mujeres que entre hombres, es un fenómeno normal y yo diría que hasta inevitable; sólo cuando pasa ciertos límites o toma determinados matices se debe considerar como un problema en torno al cual hay que realizar acciones contundentes.

Es común encontrar adultos que, sin importar su edad, todavía no han resuelto este conflicto que comenzó desde su más tierna infancia, y siguen sintiendo celos, hostilidad y envidia hacia su hermano.

El relato de Caín y Abel —hermanos con un grado de rivalidad tal, que uno mató al otro— es una metáfora que nos muestra en su forma más cruda el fenómeno de la rivalidad fraterna, la cual los padres necesitamos aprender a manejar para no reforzarla o complicarla, además de saber qué hacer cuando ha pasado los límites de lo normal.

En el fondo, esta rivalidad se debe al hecho de que cada hijo desea ser el favorito de mamá y papá, el especial, el mejor, el único, y como esto no es posible, el hermano se convierte en un estorboso intruso que roba la atención de los padres. Cuando éstos muestran favoritismo por uno de los hijos, por razones obvias los celos, la envidia y la rivalidad se incrementan en gran medida, y esto también sucede cuando intervienen en los pleitos de sus hijos, defendiendo a uno y criticando al otro. Yo recomiendo a los padres no intervenir, sino dejar que ellos negocien y encuentren soluciones.

Por ejemplo, cuando un hijo se queja acusando a su hermano, en lugar de reaccionar en defensa de uno, hay que responder algo como: "Arréglenlo entre ustedes, no me den la queja a mí". Si en el pasado lo has manejado de la manera típica, aliándote a uno de tus hijos y poniéndote en contra del otro, es importante que les avises que las cosas han cambiado: "Desde hoy ya no me voy a meter en sus pleitos, ustedes los van a resolver". Y simplemente mantente alerta, pero "de lejos" y sin intervenir.

Esta actitud, además de evitar que la rivalidad aumente, enseña a tus hijos a enfrentar y resolver sus conflictos y desacuerdos por sí mismos, así como a negociar; herramientas muy útiles en la vida, porque de seguro tú no estarás a su lado para defenderlos cada vez que tengan que lidiar con un conflicto.

A mí me parece que no hay mejor contexto para aprender a defendernos, poner límites, decir no, mostrar afecto, desarrollar la capacidad de apoyar, cooperar y negociar y de relacionarnos con otras personas, que en el día a día con nuestros hermanos.

No obstante, es importante aclarar que sí debes intervenir directa y decididamente cuando tus hijos estén peleando de manera violenta o peligrosa, o cuando los pleitos se dan entre hijos con gran diferencia de edades; por ejemplo, un niño contra un adolescente o un adulto. Por ningún motivo vamos a permitir que haya violencia y abuso en nuestra familia. El aprendizaje de la violencia y el abuso comienzan justamente ahí.

Así, también es muy importante reconocer cuando las cosas se han salido de control y se requiere ayuda profesional para ayudar a que el seno familiar cumpla con su propósito de dar seguridad, amor y cobijo a cada uno de sus miembros.

18

¿Cuáles son algunas diferencias entre hombres y mujeres?

Sin duda alguna, además de las obvias diferencias físicas entre el hombre y la mujer, existen otras de naturaleza psicológica que no son tan fáciles de notar, lo cual hace que muchas personas no sean conscientes de ellas, aunque indudablemente todos somos "víctimas" de su influjo. Algunas de estas diferencias se deben a la naturaleza y otras a los aprendizajes culturales.

Es importante aclarar que aunque lo que presentaré a continuación no es aplicable a TODOS y a TODAS, sí lo es a la gran mayoría de nosotros. Hay un buen número de diferencias entre hombres y mujeres; en este espacio trataré sólo algunas de ellas, pues creo que conocerlas puede contribuir a comprendernos mejor y resentirnos menos las unas con los otros.

Con la voz quebrada y las lágrimas a punto de salir, una mujer le cuenta a su marido que ha tenido una mañana terrible: "Mi mejor amiga me traicionó, le platicó a otras algo que le pedí que mantuviera en secreto; luego fui al súper y al salir se me cayó la bolsa con lo que acababa de comprar; se quebró el frasco de la mayonesa y todo quedó embarrado y sucio, ¡me dio tanta vergüenza!, y no he terminado de hacer la comida…"

El esposo, notoriamente incómodo por la reacción emocional de su mujer, contesta: "¿Cuánto costó la mayonesa?, ¿20, 30 pesos? ¿Para qué sufres por 30 pesos? Y de tu amiga, ya te había dicho que esa mujer no me cae bien y que no me gusta que salgas con ella; simplemente no le vuelvas a hablar. Yo no entiendo por qué les tienes que andar contando tu vida a tus amigas. Y necesitas organizarte mejor para que alcances a hacer tus cosas sin estresarte tanto"…

Entonces, ¡la esposa ahora sí suelta el llanto!

Esta situación, que nos puede parecer tan familiar, nos muestra cómo la mujer experimenta y expresa fácilmente sus sentimientos, necesita hacerlo, mientras que el hombre tiende a explicarlos y a suponer que debe proporcionar soluciones ante ellos.

Si el hombre de nuestro ejemplo sólo hubiera escuchado, abrazado y dicho algo cariñoso a su mujer, eso hubiera bastado para hacerla sentir comprendida y apoyada… ¡de inmediato! Generalmente, cuando la mujer habla con su pareja de lo que le pasa, no está pidiendo consejos ni soluciones, sino ser escuchada y recibir ese abrazo protector que le haga sentir que todo está bien. Su hombre, en cambio, supone que SIEMPRE tiene que dar soluciones, porque los hombres aprenden que son solucionadores de problemas.

Las mujeres no buscamos soluciones cuando le contamos algo cargado de emociones a nuestro hombre, sino ese consuelo que sólo sus deliciosos brazos pueden proporcionar. Cuando deseamos soluciones o consejos los pedimos; si no lo hacemos, es porque no los queremos.

Otra de nuestras diferencias es que la mujer tiene una inteligencia global y puede entender una situación sin necesidad de pasar por las etapas de deducción, inducción, conclusión, etcétera. Es lo que llamamos "intuición" o "sexto sentido": saber algo sin saber por qué se sabe. El hombre, en cambio, tiende al razonamiento lógico y a buscar explicaciones causa-efecto; tal vez por eso suele ser más escéptico que la mujer y sólo acepta una idea si conoce su origen y desarrollo y si puede ser explicada desde la lógica, mientras que la mujer acepta una idea porque "le late" que es verdadera.

A veces, una mujer le dice a su marido que no tome cierta decisión porque "siente" que se va a meter en problemas. Quizá él rechace su opinión argumentando que ella no sabe de lo que habla… ¡Pero ella tenía razón!, y en efecto, se metió en graves problemas. Por otra parte, el hombre tiene una gran capacidad de ver con objetividad una situación en la que la mujer se está ahogando en un vaso de agua, pero con mucha frecuencia ella no escucha ni aprecia sus opiniones. En lo personal, cada vez que me siento abrumada o atorada en alguna situación, la comento con un hombre que yo considere inteligente (por fortuna tengo muchos alrededor), ya sea mi pareja, un colega, un hermano o un amigo. Siempre me impresiona gratamente la capacidad que ellos tienen de ver lo que yo no estoy viendo y ayudarme a percibir la situación desde otra perspectiva, lo cual modifica para bien mi estado emocional y mis planes de acción.

En el aspecto social, las mujeres necesitamos hablar sobre nuestras experiencias y sentimientos y nos es fácil y muy grato mostrar nuestro mundo interior a nuestras amigas o hermanas. Los hombres no se sienten cómodos con tal grado de intimidad entre ellos, por lo que normalmente hablan de anécdotas y rarísima vez de sentimientos o experiencias personales y mucho menos profundas. Si las mujeres no hablamos de nuestro mundo interior, nos deprimimos y frustramos, cosa muy difícil de entender para los hombres, que prefieren guardar el suyo en privado.

Otra diferencia sobre la que es interesante hablar es la referente a la forma y el ritmo en que comenzamos el día. La mujer es capaz de "conectarse" y estar alerta de inmediato, en cuanto despierta (tal vez tenga que ver con la maternidad), y el hombre necesita alrededor de 20 minutos para sentirse cómodo llevando a cabo actividades que le exijan concentrarse, seguir una conversación "hilada" y comenzar a funcionar completamente. Es capaz de realizar los actos "rituales" de cada mañana (afeitarse, bañarse, etcétera), pero no le es grato mantener una conversación o tener que concentrarse.

Con frecuencia la mujer, durante estos 20 minutos de somnolencia y desconexión de su hombre, quiere expresarle sus cosas, hablarle de sentimientos o de los problemas que hay que resolver, hacer planes para algo, etcétera. Muy probablemente, su hombre dirá que sí a todo… pero… ¡no sabe lo que dice! Y cuando llega la hora de cumplir lo pactado, no hay tal. La mujer se molesta y resiente, sin entender que en el momento en que esos temas se trataron y esos acuerdos se hicieron, su hombre no estaba en sus cinco sentidos.

Otra diferencia que muy comúnmente causa problemas de pareja es el hecho de que las mujeres tendemos a poner demasiado drama emocional en diversos asuntos, lo cual, de manera infalible, cierra los oídos de nuestro hombre y las puertas de la comunicación entre ambos. Por ejemplo, la mujer dice: "Siempre te quedas en la oficina hasta muy tarde y no te importa si me siento sola o estoy triste o aburrida. Nunca me llevas al cine ni a ningún lado porque lo único que te importa es tu trabajo y no te interesa si nuestra relación se está afectando…" Ten por seguro, mi querida congénere, que no escuchó la mitad de tus lamentos, porque los hombres tienen una impresionante habilidad para cerrar automáticamente los oídos cuando comenzamos a reclamar y lamentarnos. Si realmente deseas que te escuche, que llegue temprano y te lleve al cine, simplemente dile: "Tengo muchas ganas de ir al cine contigo y comer palomitas mientras vemos la película. ¿Podrías llegar temprano hoy o mañana para que vayamos?" ¡Te garantizo que irás!

Disfrutemos las inevitables diferencias y enriquezcamos con ellas nuestras vidas; comprendamos que ni las unas ni los otros estamos equivocados, así como ni las unas ni los otros somos los mejores… simplemente, somos diferentes… ¡Y VIVA LA DIFERENCIA!

19

¿Por qué algunos niños se chupan el dedo?

Con frecuencia encuentro a muchas madres y padres preocupados y hasta aterrorizados porque su bebé se chupa el dedo, o tiene una cobijita o cualquier otro objeto que no quiere soltar, y si no lo está tocando, oliendo o frotándolo en su carita, no puede dormir.

Ignorar el porqué de esta conducta lleva a los padres a hacer cosas inadecuadas para evitarla, algunas tan extremas como vendarle al bebé el dedito que se chupa o embarrarlo con chile u otros sabores desagradables. He conocido casos en los que a niños un poco mayores incluso les enyesan el dedo. También se llevan a cabo otras tácticas, como esconderle el objeto (cobijita, trapito, muñequito), dejándolo llorar durante horas, con el fin de quitarle ese "mal hábito" de una vez y evitar que lo mantenga en etapas futuras. Los padres expresan esta preocupación: "¡Va a tener 15 o 20 años y va a andar por ahí chupándose el dedo o cargando su cobijita por todos lados!"

Es muy importante comprender que el acto de chuparse el dedo o estar apegado a determinado objeto tiene una función primordial en el desarrollo psicológico del bebé. La naturaleza ha determinado que en los primeros meses de vida el bebé presente una simbiosis con su madre, es decir, un apego tal que lo lleva a la percepción de que ambos son un solo individuo, lo cual es sano y necesario en esa etapa, para establecer la llamada "confianza básica". Ésta es una sensación de seguridad y bienestar altamente necesaria para el resto de su vida.

Un bebé que ha adquirido la confianza básica a través del apego profundo con su madre —manifestado en su cercanía física, su amor, su voz y mucho contacto físico— crecerá seguro y desarrollará utilísimos rasgos de personalidad que le servirán por siempre, como la confianza en sí mismo, en otros y en la vida, y una enorme seguridad, lo que se traduce en un fuerte yo interno y una gran capacidad para resolver problemas, comprometerse, lograr, etcétera.

Así, pues, en algún momento el bebé comienza poco a poco su proceso de individualización, es decir, su percepción de sí mismo como un ser aparte e independiente de su madre. Para lograr esta meta, toma el llamado "objeto transicional" —como el dedo que se chupa o ese objeto al que tiene un fuerte apego—, el cual representa un "sustituto" de mamá y le ayuda a llevar a cabo este importantísimo proceso de desapego e individualización. Por esta razón, los padres deben permitir al bebé disfrutar al máximo su objeto transicional. Me encanta ver a los bebés en ese estado de éxtasis al que entran cuando están deleitándose con él.

Si se le permite pasar por este proceso libremente, sin recriminarlo o impedírselo, la transición por esta etapa se dará de manera natural y sana y en algún momento, alrededor de los dos y medio a tres y medio años (puede ser antes o después), el bebé dejará espontáneamente ese objeto.

¿Por qué algunos niños no lo superan a la edad adecuada y siguen chupándose el dedo o cargando su objeto transicional hasta la adolescencia o la edad adulta? Una de las causas es que estas personas, cuando bebés, tuvieron grandes carencias emocionales y necesidades no satisfechas. Quizá porque mamá —por la razón que sea— no estuvo con ellos; quizá porque no fueron tocados y mimados; quizá, en pocas palabras, porque no fueron amados. Otra de las razones por las que no se supera la etapa del objeto transicional es porque los padres no le permitieron al niño hacer uso del mismo ni transitar libremente por ella, tomando acciones como las que anteriormente mencioné, para impedirle al bebé el contacto con su objeto transicional.

Ésta es la manera sana de ayudar a tu bebé a pasar por este proceso: permítele disfrutar libremente su objeto transicional. Con esto quiero decir que lo dejes llevarse el dedo a la boca, frotarse la cobijita en la cara, chupar el trapito o juguetito, etcétera. No tengas miedo, eso está bien. Y muéstrale siempre tu amor sin límites acariciándolo mucho, abrazándolo, mirándolo a los ojos y hablándole con suavidad y cariño. Ten por seguro que cuando llegue su momento, tu hijo dejará espontáneamente esa conducta. La naturaleza es sabia y perfecta; no es casualidad que todos los bebés del mundo tengan el impulso de chuparse el dedo (desde que son fetos) y que en su momento busquen su objeto transicional. No es un error que los padres debemos cambiar y corregir, sino un acierto de la psique que los padres debemos entender y respetar, y al que debemos aliarnos y fluir con él para que cumpla su objetivo. La vida tiene todo calculado. Confiemos en ella y ayudémosle a la naturaleza a hacer su trabajo, en lugar de obstaculizarlo por nuestra ignorancia.

20

¿Para qué sirven los cuentos?

Uno de los recuerdos más hermosos y cálidos que tengo de la infancia de mis hijos es el de las muchas noches en que, después de una rica cena y un tibio baño, se sentaban en la cama con su pijama favorita puesta y su querido libro de cuentos. Luego tomaban un par de minutos para "negociar" el que querían que les leyera esa noche. ¡Cuánto disfrutábamos tanto ellos como yo esos momentos que llevo atesorados en el corazón!

Hace poco mi hija se casó y decidió llevarse a su nuevo hogar esa colección de cuentos que tanto disfrutamos, para que cuando llegue el momento siga gozando de aquella mágica alegría al leerlos para sus hijos.

Pero los cuentos no sólo sirven para convivir con nuestros hijos y para estimular su imaginación, sino que tienen muchas otras funciones útiles. Una de ellas es que los niños pueden procesar sus sentimientos o incluso resolver algunos de sus conflictos emocionales a través de un proceso de identificación; es decir, al identificarse (permítaseme la redundancia) con el personaje del cuento que logra vencer al dragón, encontrar la salida del laberinto, o tal vez salvarse de las garras de la bruja o del malvado hechicero, el niño recibe indirectamente el mensaje de que si el personaje del cuento pudo resolver el problema, de seguro él también puede. ¡Qué hermosa manera de experimentar la esperanza!

Por otra parte, los cuentos permiten que, de una manera socialmente aceptada, los pequeños entren en contacto con sentimientos "inaceptables" hacia figuras con las que es inadmisible tenerlos. Por ejemplo, es normal que un niño a veces sienta coraje con mamá o papá, pero no le es permitido expresarlo, ni siquiera reconocer para sí mismo que lo siente. Si lo expresa será rechazado y castigado; si lo reconoce para sí mismo, se sentirá malo y culpable. En los cuentos se presenta el personaje de la bruja, el hechicero o la madrastra y el padrastro —malos todos ellos— para personificar esos sentimientos hacia los padres, que son inaceptables y vergonzosos. Así, pues, con la bruja, la madrastra o el malvado hechicero sí se vale estar enojado, despreciarlos y hasta odiarlos.

Otra faceta interesante de los cuentos es que están plagados de símbolos que el inconsciente no sólo de los niños, sino también de los adultos, entiende a la perfección, aunque conscientemente no los comprenda o ni siquiera los note. Como ejemplo de esto están las hadas madrinas y los magos, que representan la propia sabiduría y el potencial interior. Las palabras mágicas, que abren puertas o transforman algo, simbolizan el poder creador del verbo, la palabra. Cuando hay caminos que se bifurcan y por el consejo de algún personaje mágico se toma el sendero adecuado y todo resulta bien, significa la importancia de creer y validar nuestra intuición o guía interior, para afrontar las disyuntivas y tomar las mejores decisiones en la vida. Las varitas mágicas que todo lo pueden simbolizan el despertar del *kundalini* enseñado por tantas filosofías orientales. Por su parte, los príncipes azules que rescatan a la princesa y viven felices para siempre, encarnan la importancia de armonizar los opuestos, la parte femenina y la masculina dentro de uno mismo, el matrimonio interior, como paso necesario para ser capaces de tener relaciones de pareja maduras, felices y sanas.

Por si fuera poco, los cuentos transmiten a los niños innumerables mensajes profundos y útiles para su vida.

Por todo lo anterior, es muy recomendable contar cuentos a los niños, ya que además de ser una agradable experiencia de convivencia familiar que ellos y sus padres recordarán toda la vida, es un efectivo y mágico medio para estimular enormemente su imaginación y enseñarles cosas sobre la vida, sobre sí mismos y sobre su enorme potencial interior.

21

¿Qué son las pesadillas y los terrores nocturnos en los niños?

Las pesadillas y los terrores nocturnos se presentan con cierta frecuencia en los niños, y aunque a menudo se les confunde, no son lo mismo. Las pesadillas ocurren en la segunda mitad de la noche; son sueños muy intensos y vívidos que le producen al niño miedo y angustia y por lo general tienen que ver con persecuciones, monstruos y toda clase de peligros que lo amenazan. Cuando se le despierta, el niño puede recordar el sueño y será posible tranquilizarlo y lograr que se vuelva a dormir.

Los terrores nocturnos, por el contrario, aparecen durante la primera mitad de la noche; el niño presenta claras muestras de angustia, como ritmo cardiaco y respiratorio acelerados, sudoración, confusión y miedo intenso. Puede haberse sentado o levantado de la cama, grita y tiene los ojos abiertos, lo cual hace parecer que está despierto, pero no lo está, y por lo tanto no responde a las palabras tranquilizadoras de los padres, puesto que en realidad no las escucha ni los reconoce. Los episodios pueden durar hasta 10 minutos y a la mañana siguiente el niño no recordará nada de lo sucedido.

Las pesadillas pueden presentarse por conflictos emocionales del niño, por situaciones familiares o escolares, e incluso porque ha estado viendo películas de terror que le provocan esos miedos que no puede elaborar. Así también, cuando un niño es constantemente despreciado, criticado y rechazado, se genera en él un fuerte sentimiento de culpa. Éste siempre nos lleva (consciente o inconscientemente) a suponer que somos malos y por lo tanto merecemos un castigo, lo cual a su vez puede producir a los niños fuertes miedos y fantasías terroríficas, que son un caldo de cultivo para las pesadillas.

En el caso de los terrores nocturnos, las causas suelen ser las mismas que he mencionado para las pesadillas, pero también existe la posibilidad de que sean síntomas de algún problema neurológico, sobre todo cuando se presentan con mucha frecuencia. Si el niño no está expuesto a películas de terror y no tiene problemas familiares o escolares, y aun así presenta terrores nocturnos frecuentes, es casi seguro que exista una situación neurológica.

Como es de suponer, tanto las pesadillas como los terrores nocturnos de los niños preocupan mucho a sus padres. No obstante, es importante que estén bien informados sobre el hecho de que por lo general desaparecen después de un tiempo, y sobre cuáles son las acciones apropiadas que deben tomar cuando se presentan.

En el caso de las pesadillas, hay que procurar suavemente que el niño despierte por completo, sin estrujarlo o jalonearlo; hay que abrazarlo, acariciarlo, hablarle de manera tranquila y hacerle ver que sólo fue un sueño y ya pasó. Quedarse junto a él hablándole un rato cortará de seguro el estado emocional que la pesadilla le produjo y volverá a dormir.

Cuando se trata de terrores nocturnos, las mismas acciones son útiles, aunque los padres deben entender que su hijo tal vez no los escucha ni los ve, y simplemente deben esperar a que pase la crisis. En ese momento el niño estará en condiciones de que lo despierten completamente y lo consuelen de la manera antes mencionada. Los padres deben escuchar a su propia sabiduría interior, que los guiará para saber qué hacer durante el proceso.

Otras acciones, como dejarles la puerta abierta, una lamparita de noche y cosas por el estilo, pueden ser útiles para ayudar al niño a sentirse más tranquilo.

Es muy importante también que los padres cuiden las cosas que el niño mete en su mente y sus emociones; me refiero al tipo de programas de televisión o a las películas que ve y al hecho de que presencie los pleitos, gritos e insultos que por desgracia muchos padres se profieren mutuamente. Esta patológica y dolorosa dinámica familiar crea y alimenta fuertemente sus inseguridades y miedos.

Además, hay que estar abiertos para hacer que el niño reciba atención profesional, psicológica y neurológica si es necesario. El pediatra y el psicólogo podrán diagnosticar las causas de las pesadillas o terrores nocturnos, indicar el tratamiento adecuado y apoyar a los preocupados padres para que lo lleven a cabo. Este problema infantil es relativamente fácil de solucionar recibiendo la atención profesional adecuada cuando es necesario, y adoptando las medidas que se han sugerido con anterioridad. Ni los padres, ni mucho menos los niños, deberían sufrir estos episodios cuando el remedio está al alcance de la mano.

22

¿Qué hay que tomar en cuenta al responder las preguntas de nuestros hijos?

Muchas veces los padres nos preocupamos más de lo que deberíamos y nos ahogamos en un vaso de agua ante cosas de la vida que son simples y obedecen al sentido común. El tema de cómo responder a las preguntas de nuestros hijos no es la excepción. Yo respeto mucho cualquier cuestionamiento o confusión de los padres —aunque a algunos les puedan parecer nimiedades— porque sé que provienen de su genuino interés por realizar su titánica función lo mejor posible.

A lo largo de la vida —y probablemente más en la infancia— los hijos nos hacen una infinidad de preguntas sobre variados temas; algunos de ellos, como los relacionados con la religión o la sexualidad, a muchos padres los agobian. Tomando en cuenta las recomendaciones que te ofrezco a continuación, responder las preguntas de tus hijos se volverá un asunto sencillo, útil y sobre todo muy agradable.

- Responde sólo lo que te pregunta. Ante un cuestionamiento de tu hijo, no tienes que darle una larga y compleja cátedra. Responde directa, clara y específicamente; ten por seguro que si no queda satisfecho, te preguntará más. Es posible también que tu respuesta le aclare su duda por el momento, pero después de un mes o un año la retomará, esperando nueva información al respecto. Cuando respondes abierta y serenamente las preguntas de tus hijos, puedes estar seguro de que tendrán la confianza de seguir preguntando.

- Pregunta sobre la pregunta. Hay un buen número de anécdotas de la vida real o chistes que muestran graciosas historias sobre la cantidad de veces que un padre le responde a su hijo algo que no tenía nada que ver con su pregunta. Un ejemplo es el conocido cuento de Pepito, que le pregunta a su mamá: "Mamá, ¿qué es *pene*?" Ella se pone nerviosa y ruborizada (y en verdad muchos padres se angustian ante preguntas sobre órganos sexuales o sexualidad), saca un libro con imágenes y trata de explicarle lo mejor que puede. Enseguida, más preocupada todavía por conocer el origen de semejante cuestionamiento, le pregunta a su vez: "¿Y de dónde sacaste eso?", a lo que el niño responde: "Es que hoy la maestra nos dijo: niños, recen para que su alma no pene".

Un amigo me contó que su niña de seis años le preguntó: "Papá, ¿y cómo el esposo le da la semilla a su esposa?" Mi amigo se aclaró la garganta y echó mano de todo su ingenio para explicarle a su niña lo que en ese momento le pareció el tema más complejo de la historia: la concepción de un bebé. Dice que la niña se veía distraída y aburrida durante su disertación. Cuando creyó haber terminado, mi amigo preguntó: "¿Y quién te habló de eso?" A lo que la pequeña respondió: "Es que oí en la tele que las esposas les dan a sus esposos la semilla del amor al ser cariñosas y comprensivas".

Justamente para que esto no nos ocurra, es conveniente preguntar sobre la pregunta; por ejemplo: "¿Qué quieres decir con eso?", "¿De cuál semilla me hablas?", "¿Dónde escuchaste eso?, ¿quién te lo dijo?", etcétera. Esto nos dejará bien claro lo que nuestro hijo está preguntando, para que nuestra respuesta sea la adecuada.

- Toma en cuenta su edad. Háblale con las palabras y los ejemplos que le faciliten la comprensión de tu respuesta, de acuerdo con la etapa de vida en que se encuentra.
- Echa mano del gran recurso que son las anécdotas y los ejemplos, que siempre ayudan a aclarar y a dejar bien grabada en la mente esa información.
- Aprovecha la tecnología. ¡Qué valiosa herramienta es ésta y cuánto nos facilita la vida! Cuando la mayoría de los padres de hoy éramos niños, teníamos que ir a bibliotecas o comprar libros para investigar cualquier asunto. Ahora sólo basta sentarnos ante una computadora y ¡ahí está! Un universo de información al alcance de la mano y en unos cuantos segundos. Sentarte con tu hijo a buscar en internet un tema sobre el que tiene dudas no sólo le proporcionará información, sino que le enseñará a desarrollar el hábito de interesarse en investigar y a experimentar la gloriosa sensación de encontrar respuestas a todas sus dudas.
- Utiliza la "respuesta indirecta". Puedes comprarle un libro o llevarlo a una conferencia o curso sobre los temas de los que crees conveniente hablarle, según su edad.
- Ten la humildad de decir "no sé" cuando sea el caso, pero también la valentía de investigar o preguntar a quien sí sabe. Un padre/madre que todo lo sabe y todo lo puede es irreal y se percibe irreal y poco confiable.
- Reconoce cuando de plano no puedes responder a algo y necesitas ayuda. Puedes pedir a tu hermano, a tu médico, a un terapeuta o a quien tú consideres, que hable con tu hijo sobre ese asunto. No es motivo para avergonzarse el reconocer cuando no puedes manejar un tema y declararte incompetente para tratarlo con tu hijo; es, por el contrario, un acto de valentía.

Así, pues, acompañemos a nuestros hijos en su proceso de descubrir y aprender a lo largo de su vida, aprendiendo junto con ellos ¡y disfrutando el trayecto!

23

¿Cómo crear
un día lleno de milagros?

Hace un par de semanas pregunté a los más de 1 500 asistentes a una conferencia que impartí, quiénes ese día les habían dicho a sus hijos algo como: "¡Qué bien tendiste la cama hoy!", "Eres muy inteligente", "Me gusta mucho lo alegre que eres", "Cómo ha mejorado tu letra", etcétera; o a su pareja algo así como: "Gracias por todo lo que haces por nosotros diariamente", "Me encantan tus agallas para enfrentar los problemas", "Eres muy sensible y hermosa", y a sus empleados o subalternos: "Valoro mucho tu trabajo, que hace el mío mucho más fácil", "Qué bien solucionaste esto", etcétera. Conté unas cuantas manos levantadas. Pero cuando pregunté quiénes les habían reclamado o criticado algo ese día a esos mismos seres queridos o empleados, casi la totalidad de los asistentes levantó la mano.

Esto no es de extrañar. Lamentablemente, la triste realidad nos muestra que los seres humanos en general tenemos una fuerte tendencia a ver el lado "defectuoso" de la vida y de quienes nos rodean. Elegimos poner nuestra atención en lo que está mal, lo que no nos gusta, los errores y lo que falta. Tal vez por eso la vida, y hasta nuestros seres queridos, nos parecen peligrosos y amenazantes.

Hoy te propongo hacer las cosas de manera diferente por un día. Mi propuesta consiste en dos cosas. Una es que durante todo ese día elijas enfocar tu atención sólo en la parte luminosa de la vida y de tus seres queridos: en sus aciertos, en lo que sí te gusta y en lo que sí hay. Y no sólo eso, sino también expresarlo para que se sientan valiosos y apreciados. Aquello en lo que pones tu atención se incrementa: háblale a una persona de su sombra y te mostrará su sombra; háblale de su luz y te mostrará su luz.

La segunda cosa que te propongo es que la fecha que has elegido para hacer esto, desde que despiertes decidas poner todos tus asuntos del día en los niveles más elevados de realidad; algunos le llaman "ponerlo en las manos de Dios", "ponerlo en orden divino", "soltar y confiar", "dejar que el universo se haga cargo", etcétera. No importa cómo lo expreses o concibas, la idea es decidir hacerlo durante todo ese día. Y antes de salir de casa al trabajo, a la escuela, o antes de comenzar tus actividades dentro de ella, emite alguna afirmación como ésta: "Gracias por acomodar todas las personas y situaciones de este día de una manera perfecta para que yo aprenda lo que hoy me corresponde aprender. Y decido confiar en que todo lo que suceda hoy, está planeado y organizado amorosa y perfectamente para mi Bien Mayor. Gracias".

Y luego, simplemente comienza a vivir el día. Si el coche que va delante de ti avanza tan lento que por su culpa te alcanzó el semáforo en rojo; si tu empleada doméstica no llegó; si en la oficina no funcionan los teléfonos; si la fila del banco está tan larga que te detuvo ahí por dos horas, o si las cosas salieron a la medida de tus deseos, simplemente recuerda a cada instante la poderosa afirmación que emitiste esa mañana y que hemos mencionado en el párrafo anterior.

En todo verás un signo de que la vida cuida de ti y de que todo cuanto sucede es para tu Bien Mayor. En cada persona reconocerás a un "actor" que ha sido puesto ahí para ayudarte, al ser parte del elenco de tu "obra personal", y en cada acontecimiento percibirás la mano del amor trabajando para tu más alto bien.

Viendo la luz de tus seres queridos y confiando en que todo está bien como está, convertirás cualquier día ordinario en un día lleno de milagros.

24

¿Cuáles son las claves para vivir mejor?

Desde mi muy personal punto de vista, en la vida existen ciertas "claves" que si las seguimos y las convertimos en parte de nuestra experiencia cotidiana, nos garantizarán bienestar, abundancia, salud y toda clase de bendiciones. También, por razones obvias, es muy conveniente enseñarlas a nuestros hijos. No pretendo decir que las que te presento aquí son las únicas o las mejores; son sólo algunas de las tantas valiosas y poderosas herramientas que hay bajo el sol. Hablaré de tres de ellas.

1. ABRIRNOS A RECIBIR

Dice Deepak Chopra que si bien es cierto que al dar se generan más bendiciones, es más difícil recibir. ¡Sí que lo es! Es difícil abrirnos a ello. Se considera de buena educación negarnos a recibir tanto cosas materiales como ayuda y hasta halagos, y al parecer es mal visto que estemos dispuestos a abrir los brazos y extender las manos para que nos den algo.

Sin duda es complicado hacerlo, pero yo tengo la convicción de que *si no sabemos recibir de los seres humanos, tampoco sabremos recibir de un Poder Superior* —como cada quien le llame o lo conciba—, que por lo general utiliza a otros seres humanos para darnos todo lo que pedimos.

A veces me sorprende que cuando deseo dar algo a alguien cercano a mí (ya sea invitarlo a cenar o comprarle algo que le gustó), casi tengo que pelear para convencerlo de que lo acepte. Si recibe así nomás, sin haber hecho aparentemente nada para merecerlo, la reacción de la gente es normalmente de vergüenza y culpa. Yo les digo siempre: "¡Caramba! Recibe por favor. Si te hace sentir mejor, dame las gracias; pero recibe, y punto". Y sólo hasta entonces se relajan.

Yo recomiendo ampliamente practicar lo de "abrirnos a recibir", dejando de lado los absurdos prejuicios sociales que nos instan a no hacerlo, y abrir nuestros brazos con gratitud a lo que la vida nos quiere dar a través de cualquier persona o situación.

2. APRENDER A "DEJAR IR". EL DESAPEGO

Muchas veces la vida nos quita algo que queremos: un trabajo, una relación, un objeto, una forma de vida. Es muy importante entender que cada cosa, situación o persona llega a nuestra vida para enseñarnos algo, y cuando esa "misión" se ha cumplido, será remplazado con algo que nos ofrezca nuevas oportunidades de crecimiento y evolución.

Hay que aprender a confiar en que cualquier cambio es para nuestro bien mayor, o no sucedería. Cuando sea el momento de dejar ir algo o alguien, te recomiendo sentarte un momento en paz y silencio e imaginar frente a ti a esa persona, objeto o situación que se ha ido, se está yendo o se va a ir. Dile que aprecias y agradeces todo lo que dio, todos los aprendizajes, todas las vivencias; bendícelo y dile: "Te dejo ir… eres libre…", y suelta, suelta, suelta. Si retienes lo que ya no debe estar contigo, también retienes el flujo de la vida. Y si lo haces, la energía, tu energía personal, se estanca, se pudre y te daña, y lo nuevo no puede llegar.

Cuando la vida nos quita algo, es porque viene algo mejor. Manejemos los cambios con alegría y tranquilidad, abriéndole los brazos a lo nuevo.

3. "LA VERDAD OS HARÁ LIBRES"

Esta profunda enseñanza, palabras más, palabras menos, ha sido propuesta por innumerables iluminados. En mi libro *En honor a la verdad* hablo ampliamente de cómo, a mi entender, esto se aplica en el día a día y en diversos aspectos de la vida. La "no verdad", por así llamarla, se manifiesta en autoengaño o al mentir a otros, y en cualquiera de estas facetas, angustia, esclaviza, enferma y destruye. La verdad sana y libera… por algo esta profunda enseñanza nos ha sido dada. Te invito a observar cómo te sientes cuando actúas aliándote a la verdad y cuando no. Observa tus sensaciones, tus pensamientos, tus sentimientos y, sobre todo, los resultados que en tu vida, en tus relaciones y en tu persona genera lo uno o lo otro.

Así, entonces, podrás decidir por ti mismo.

25

¿Atreverte...
con todo y miedo?

Ser valiente no es no tener miedo; es, con todo y miedo, seguir adelante. La única diferencia entre el cobarde y el valiente es que el cobarde deja que sus miedos lo congelen y anulen; el valiente continúa su camino, con todo y miedo, dice Osho.

Ésta es mi filosofía de la vida: prefiero equivocarme porque hice, que equivocarme porque no hice, por miedo. A veces, para lograr algo que deseamos hacemos todo lo que está a nuestro alcance y aun así no lo conseguimos. En ese caso nos quedaremos en paz y satisfechos; no habrá reclamo hacia nosotros mismos. Pero cuando permitimos que el miedo controle nuestras decisiones y actos, y por él dejamos de intentar, de atrevernos y de hacer, la vida reclamará y el ser interno estará insatisfecho. De lo que se arrepiente la gente es de lo que no hizo, fue o dijo, por miedo.

En un curso que impartí durante varias semanas, al que llamé precisamente "Atreverte... con todo y miedo", dejé una "tarea" a los 210 participantes. Ésta consistía en preguntar a 10 personas mayores de 65 años: "¿De qué te arrepientes en tu vida?" En la sesión siguiente llegó cada uno con sus respuestas, que en total sumaban 2 100; una muestra que cualquier estadista consideraría muy valiosa y confiable. Después de un análisis en subgrupos y toda clase de métodos de retroalimentación, encontramos un común denominador en absolutamente todas las 2 100 respuestas: todas tenían que ver con cosas que se dejaron de hacer por miedo. Por ejemplo: "No haberme divorciado y seguir soportando el abuso físico, por miedo a estar sola", "No haber puesto mi negocio cuando pude hacerlo, por miedo a que me fuera mal", "No haberle dicho nunca a mi padre que lo amaba porque era tan frío que temía que su reacción me hiriera", "No haber comprado una casa cuando tuve una muy buena oportunidad, por miedo a que luego necesitara ese dinero y ya no lo tuviera, y de todos modos se me fue en tonterías", etcétera.

A mí en lo personal —y al parecer a todos los alumnos— me impresionó cómo el dejar de hacer algo por miedo se puede convertir en una espina que se clava en el corazón y molesta por el resto de la vida. Reitero entonces: de lo que la gente se arrepiente es de lo que no hizo, por miedo.

Nos perdemos muchas cosas en la vida por no ser valientes. Para que esto no nos suceda, es necesario enfrentar retos. Un reto es una situación que nos parece difícil de afrontar y nos presenta dificultades y obstáculos; que nos enfrenta cara a cara con lo desconocido y nos genera la fría sensación de miedo e incertidumbre.

A través de mi propia experiencia al enfrentar retos, y en los cursos que he impartido sobre el tema, he comprobado infinidad de veces que detrás de un reto, por más simple y pequeño que parezca, hay muchísimas fuerzas y ramificaciones que se extienden a diversas áreas de la vida. Un reto tiene mucho detrás, lo que significa que cuando vencemos uno, se mueven y desatoran diversas cosas en todas esas áreas, produciendo cambios notorios y a veces hasta espectaculares en nuestra vida.

Un hombre de 32 años tenía un tremendo miedo de ir a restaurantes "elegantes" porque se sentía inferior. Pensaba que si entraba a alguno, todos los presentes lo verían con desaprobación y le dirían: "¿Qué haces aquí? Tú no tienes derecho de venir a este lugar". Cuando se atrevió a enfrentar el reto de ir a uno, con todo y miedo, se dio cuenta de que nadie reaccionó como él temía, pero además comenzó a atreverse a hacer muchas otras cosas, entre ellas, a iniciar su propio negocio, que pronto le rindió frutos. "Siempre soñé con poner este negocio, pero nunca creí que lo podría hacer", me dijo meses después, profundamente emocionado.

"Mientras más retos te pongas, más ángeles se te acercan", dice Carolyn Miss en su libro *Anatomía del espíritu*.

Vencer retos nos libera, nos sana, nos da una gran satisfacción. No obstante, mucha gente prefiere quedarse congelada en una situación que no le gusta, cualquiera que ésta sea, en lugar de correr el riesgo de enfrentar un reto. Luego llegan a viejos frustrados y arrepentidos por lo que pudo haber sido y no fue, con un vocabulario lleno de "hubieras": "Hubiera sido valiente para poner mi negocio", "Hubiera estudiado tal carrera", "Hubiera luchado para convencer a mi papá en lugar de conformarme con el NO sin hacer nada", "Hubiera aceptado aquel empleo", "Me hubiera ido a vivir a aquella ciudad cuando podía", "Hubiera tomado esa oportunidad cuando se presentó"...

Y todo por no haberse atrevido... con todo y miedo.

26

¿Existe el miedo al compromiso?

Hace tiempo conocí a un hombre de 50 años que escribía todo con lápiz, pues escribir con pluma le causaba ansiedad. Supuse que eso podría representar un signo de miedo al compromiso, ya que lo que se escribe con lápiz se puede borrar fácilmente. Se me antojó que sería interesante conocer un poco más sobre la vida de ese hombre, para saber si mi interpretación era correcta.

Por azares del destino llegué a conocer a su pareja, una hermosa y exitosa profesionista, quien me platicó que cada dos meses en promedio, él le decía que necesitaba alejarse porque estaba pensando demasiado en ella y extrañándola durante el día, lo cual no estaba bien, por lo que era mejor terminar la relación. Ella lloraba con dolor pidiéndole que no se fuera y tratando de convencerlo de que sentía lo mismo por él y eso era hermoso y bueno. Pero él se iba de todos modos, sólo para regresar dos semanas después diciéndole cuánto la amaba. Después de tres años de repetirse ese patrón, ella ya no lloraba, porque sabía que él volvería. Pero un día, cuando ella habló de dar un paso "más serio" en la relación, su hombre se fue para siempre. A fin de cuentas, tal vez sí habría una asociación entre escribir con lápiz y el miedo al compromiso. Bien dice mi sabio maestro Federico Pérez: "En todo lo que hacemos somos autobiográficos".

Pero no comprometerse o hacerlo a medias en una relación de pareja o de otro tipo no es la única forma en que se manifiesta el miedo al compromiso. Según el diccionario, la palabra *compromiso* significa: "Obligación que se contrae voluntariamente, a través de la palabra dada de forma verbal o escrita". Me impresiona la carencia de esto que encontramos actualmente.

Tal vez tú, al igual que yo, te preguntas qué pasó con aquellos hombres y mujeres del pasado cuya palabra bastaba para garantizar que la cumplirían. Empeñar la palabra era un acto de honor que nadie ponía en duda. Hoy en día pasamos por una crisis de compromiso que se nota aun en detalles muy simples, como al decir: "Te llamo mañana", "Te pago el viernes", "Te lo envío el lunes", "Llego a las siete", y simplemente no hacerlo. Cumplir lo que se dice, ya sea algo pequeño y simple, o grande y trascendental, es un acto de integridad que desafortunadamente no vemos con frecuencia.

Todos usamos las palabras continuamente, casi siempre suponiendo que no son más que sonidos que el viento se lleva una vez que salen de nuestra boca y ahí se acabó todo. Pero en realidad las palabras son mucho más que sonidos: son firmas de energía que plasmamos en el universo; no respaldarlas con nuestros actos va dejando deudas con la vida, huecos, asuntos inconclusos que se convierten en anclas y necesariamente tienen una repercusión.

No te pido que creas lo que digo, simplemente te pido que observes la vida de las personas que como patrón no cumplen lo que dicen, y saques tus propias conclusiones. Comprobarás que de mil y una formas su vida no funciona.

A veces fantaseo acerca de lo maravilloso que sería vivir en un mundo en el que todos hiciéramos lo que decimos. Que le diéramos a nuestra palabra el significado y el valor sagrado que tiene, y que la honráramos, cumpliéndola. ¿No se te antoja?

¡A mí sí!...

27

¿Cómo enfrentar el momento del "nido vacío"?

En la medida en que nuestros hijos crecen, paulatinamente se vuelven más independientes; sus alas se hacen más grandes y vigorosas, y su deseo de volar bulle en su interior con más fuerza cada día. Pasan cada vez más tiempo fuera de casa en actividades escolares o laborales, con sus amigos o su pareja... pero regresan. Tal vez se vayan a un viaje largo: seis meses, un año... pero regresan.

Sin embargo, llega un día en que nuestro nido les queda chiquito; sus sueños los llaman muy fuerte y tienen que seguirlos. Y entonces, ahora sí se van, y con ellos se van sus pertenencias, sus cosas amadas que albergamos en el hogar por tantos años... y el nido queda vacío.

Quienes hemos pasado por esto, sabemos que es una experiencia intensa; que los extrañamos y a veces lloramos de nostalgia. Esto es normal. Pero también sabemos que ésa es la ley de la vida y que está muy bien que se vayan. Deseamos que se realicen, que sean felices, que experimenten la vida, que vuelen por el mundo con alas sólidas y grandes.

Pero ¿en verdad todos los padres lo deseamos? Por desgracia hay padres y madres que no quieren que sus hijos vuelen, porque tienen grandes vacíos en el corazón y una enorme carencia de sentido de vida, que los lleva a retenerlos, porque si ellos se van, se quedan en la nada. Estos padres, en lugar de pulir las alas de sus hijos para que les crezcan fuertes, se las cortan y así los mantienen a su lado; para que les llenen sus vacíos, para que den sentido a sus vidas huecas, para que les solucionen su aburrimiento existencial. Y el nido se vuelve cárcel.

¿Qué podemos hacer los padres para respetar el sagrado destino de nuestros hijos, que los impulsa a dejar el nido cuando llega el momento? ¿Cómo podemos sobrellevar esa etapa y sacar de ella toda la riqueza que lleva dentro? He aquí algunas propuestas:

Te recomiendo mucho que desde que tus hijos son pequeños, mantengas un espacio de tu vida para ti mismo. Sin duda alguna ellos serán siempre tu prioridad, pero también es importante que tengas alguna actividad e intereses personales en los que no intervenga la familia. Puede ser un pasatiempo, un deporte, un curso, un grupo de amigos, una labor social, etcétera.

Es también muy recomendable que la pareja tenga momentos y actividades en los que no estén presentes los hijos: ciertos viajes de fin de semana (o más largos, dependiendo de la edad de los hijos y las circunstancias), idas al cine, a cenar o a visitar amigos, entre otros. Porque cuando llega el momento del nido vacío, las parejas que jamás conviven sin hijos son las que tienen mayores probabilidades de que su relación explote y termine.

En pocas palabras, hay que crearnos una vida rica, motivada, interesante, fascinante, porque para nuestros hijos es maravilloso tener padres así, en lugar de unos seres dependientes e infelices, que necesitan que sus hijos les "hagan el día" y den sentido a sus aburridas e insatisfactorias existencias.

Nos guste o no, nuestros hijos no vinieron al mundo a llenar nuestros vacíos, a ver qué se nos ofrece o a cumplir nuestras expectativas. Ellos tienen su propio camino que andar; su propia historia que escribir; sus propios sueños que realizar. Y nuestra función como padres es apoyarlos para lograrlo.

Así también, veamos todo lo bueno que hay en esta etapa de la vida: la libertad, el tener mucho tiempo para nosotros y para hacer lo que queramos, el ya no tener que mantenerlos y disponer de más dinero para nuestros planes personales, etcétera. Se acabó la etapa de sacrificarnos por nuestros hijos; de tener que llevarlos y traerlos; de renunciar a muchas cosas porque así corresponde cuando son pequeños. Ahora que ellos ya son independientes, disfrutemos el cambio y, en pocas palabras, démosle a esta etapa un nuevo significado. Como dice mi querida amiga y reconocida conductora de radio, Paty Kelly: "Yo no le llamo 'nido vacío' sino 'nido en remodelación'".

28

¿Por qué necesitamos "tener razón"?

Hace algunos días, en medio de una acalorada conversación, me descubrí actuando como la perfecta personificación de esta sabia idea expresada por Baldwin: "A veces la gente prefiere tener razón que ser feliz". Al darme cuenta de mi actitud, también me hice consciente de las abrumadoras y desagradables sensaciones físicas y emocionales que estaba experimentando, así como de la reconfortante liberación que sentí cuando decidí soltar mi necesidad de tener razón.

A lo largo de mi vida he visto infinidad de veces que cuando en una discusión una de las personas no está dispuesta a ver algo —bien sea el hecho de que está equivocada o que cometió un error, o bien el punto de vista del otro—, simplemente no hay poder humano que la convenza, y aun cuando esa discusión se extendiera durante horas o días, de todas maneras no lo vería, porque sencillamente no tiene la voluntad de hacerlo. Nos convendría entonces cuestionarnos si vale la pena invertir tiempo y energía en continuar enfrascados en esas luchas de egos que están detrás de las discusiones por tener la razón. Ellas sólo nos generan sustancias tóxicas y sensaciones que enferman a nuestro cuerpo, emociones y mente.

Esta actitud, para llamarla por su nombre, es orgullo y soberbia, y siempre conduce a la separación y al dolor. Se manifiesta de muchas formas, como las mencionadas luchas de poder, el deseo de venganza y, por supuesto, la necesidad de tener razón, detrás de la cual se oculta la necesidad de ser "el mejor". Nos volvemos muy hábiles para acomodar perfectamente las ideas y las palabras a fin de que suenen como queremos que suenen, y así probar que, en efecto, tenemos la razón.

"¿Por qué he de ser yo quien le pida perdón, le diga que le amo o le agradezca y reconozca tal cosa? ¡Él/ella nunca lo hace! Que lo haga primero. ¡Y además me debe tales y tales 'facturas'!" Las frases anteriores no provienen de ningún otro lugar que el orgullo y la soberbia. Y cuando ambas personas están en la misma posición, ¿cómo se romperá ese patrón? ¿Quién va a empezar, si ambos esperan que el otro sea el primero? En las guerras de egos, ambas partes quieren ganar, pero en realidad nadie gana, porque aun a costa de la propia felicidad, el ego hace lo que sea para no perder la competencia. Por eso hay tanto sufrimiento en las relaciones entre las personas.

Quiero invitarte a experimentar algo: la próxima vez que te encuentres en medio de una discusión del tipo que hemos descrito, actúa de forma diferente a aquella en la que por lo general nos conducimos en estas circunstancias, y asómbrate de cómo la situación cambia de dirección de una manera tan impresionante, que hasta parece magia. Ésta es mi propuesta: reconoce la parte de verdad que hay en lo que dice la persona con la que estás discutiendo; siempre la hay. Y luego exprésale verbalmente ese reconocimiento con algo como: "Tienes razón, no estoy cumpliendo mi palabra", "Tienes razón, llegué tarde", "Tienes razón, he estado de muy mal humor", etcétera, según sea el caso. Y date cuenta de cómo cambian tu sentir y la actitud de la otra persona.

Practicar esto nos permite desarrollar la madurez para asumir nuestros errores y otorgarle al otro el reconocimiento de sus aciertos y sus cualidades, lo cual a fin de cuentas nos beneficia a ambos. Sacrificar el propio bienestar y el de una relación por tener la razón, simplemente no vale la pena.

29

¿Cómo son
los verdaderos amigos?

Me encanta que exista un día del año dedicado a recordarnos lo que los amigos significan. Lo que éstos aportan a la vida es maravilloso e irremplazable. Con frecuencia se idealiza a la amistad dándole cualidades exageradas, a veces falsas y poco realistas. Y si vamos por la vida creyendo que los amigos deben ser perfectos para merecer ser llamados así, enfrentaremos muchas desilusiones y nos perderemos del gran tesoro que es la amistad, porque nadie, absolutamente nadie, podrá satisfacer nuestras expectativas. Tomaré prestados algunos pensamientos y frases célebres, para expresar lo que en este espacio deseo comunicarte acerca de la amistad.

"Nada refuerza tanto la amistad como poder decir: 'yo puedo ser yo misma, sin temor a perder a mi amiga. Aun cuando cometa las mayores tonterías, sé que puedo decírselo y nada cambiará en nuestra relación; o mejor dicho, me amará todavía más, porque tendré más necesidad de ser amada'", *El diario de Ana María*.

Un amigo que reaccionara siempre así, sería casi un santo. Cuando nuestro amigo comete tonterías, es muy posible que nos molestemos y nos alejemos, aun cuando finalmente terminemos procesando y superando la situación y recuperando la amistad.

"Esto es lo más espantoso de mi amigo: es mi igual", Gregg Levoy.

En nuestro amigo nos vemos reflejados como en un espejo de cuerpo entero. Todo lo que nos molesta o nos gusta de nuestro amigo es una proyección de nosotros mismos. Reconocer esta verdad requiere gran madurez, porque es más cómodo ir por la vida viendo la sombra de los demás sin reconocernos a nosotros mismos en ella.

"Él es mi amigo más querido y el más cruel de mis rivales, mi confidente y el que me traiciona, el que me apoya y el que de mí depende", Gregg Levoy.

Ésta es una gran verdad: nuestro amigo a veces nos traiciona, a veces nosotros lo traicionamos; entre nosotros hay celos, envidia, competencia, pero también afecto verdadero. Todos estos sentimientos tan contradictorios conviven inevitablemente en la relación de amistad.

"Los verdaderos amigos se tienen que enfadar de vez en cuando", Louis Pasteur.

¡Por supuesto que sí! Yo no confiaría en que una amistad es madura y verdadera, si nunca hay molestias, desencantos y conflictos. Porque cuando no hay nada de esto en una relación, es posible que ambas partes sólo estén reprimiendo y negando sentimientos y situaciones que tarde o temprano saldrán para destruirlos.

"Escribe en la arena las faltas de tu amigo", Pitágoras de Samos.

Porque al igual que tú, tu amigo ha cometido errores, pero ellos no borran todas las experiencias que juntos han vivido. Pon tu atención en lo que te ha dado y lo que ha hecho por ti. Si un amigo reconoce cuando te ha fallado, merece que escribas sus faltas en la arena; merece ser llamado AMIGO. La amistad es así, oscuridad y luz, fallas y aciertos.

"Probamos el oro en el fuego, distinguimos a nuestros amigos en la adversidad", Isócrates.

Esto es verdad sin duda alguna; aunque también es cierto que probamos a nuestros amigos en el éxito. Yo tengo bien comprobado que a algunos amigos les resulta más fácil estar contigo en la adversidad, que en la felicidad y el triunfo. Pueden ser muy solidarios y brindarte apoyo cuando estás en problemas, pero cuando la fortuna —en cualquiera de sus múltiples manifestaciones— te sonríe, les es difícil estar contigo y alegrarse con tus gozos. Esto no los convierte en malos amigos; simplemente refleja que en ocasiones (y a todos nos puede suceder) la buena fortuna de otros nos pone en contacto con nuestras propias carencias.

"El amigo es otro yo. Sin amistad el hombre no puede ser feliz", Aristóteles.

¡Gracias a la vida por los amigos!

30

¿Cómo aprender a decir "no"?

Una de las causas de conflictos e insatisfacción en nuestras relaciones con otras personas, es hacer cosas que no deseamos y que a veces hasta nos afectan, por no atrevernos a decir NO.

Todos nacimos con una capacidad natural para expresar lo que deseamos, sentimos, necesitamos y pensamos. Observemos a los niños pequeños, siempre están mostrando de una manera congruente y honesta lo que necesitan y sienten, pero al crecer pierden esa capacidad natural, debido a que cuando expresan algo que no les agrada a los adultos, son rechazados o castigados.

Así, el niño aprende que para mantener el afecto y la aceptación de sus padres y de otros adultos importantes para él tiene que reprimir sus sentimientos y necesidades, o mentir respecto a ellos. Los padres deben poner límites muy claros y firmes a su hijo, pero al mismo tiempo mandar el mensaje de que cuando manifiesta lo que siente y necesita, no dejan de amarlo.

Cuando nos volvemos adultos, es sumamente difícil mostrar lo que sentimos, pensamos y queremos, por ese miedo infantil que nos hace creer que si lo hacemos nos van a criticar, desaprobar, rechazar o abandonar, y por ello aceptamos o hacemos cosas que no deseamos, aunque paradójicamente ése es el mejor camino para echar a perder una relación, ya que cada vez que hacemos algo que no queremos vamos acumulando frustración, coraje y resentimiento hacia la otra persona y hacia nosotros mismos.

Empieza por darte cuenta de que hagas lo que hagas, seas como seas, pienses lo que pienses, digas lo que digas, SIEMPRE habrá alguien que te criticará y desaprobará. Por otra parte, está más que comprobado que —aunque no lo muestre— en realidad la gente admira, aprecia y respeta a aquellos que se atreven a decir NO cuando así lo desean.

Muchas personas suponen que decir NO es por fuerza un acto grosero, que va de la mano con la agresividad. Esto es un error. Ese NO puede ser dicho con amabilidad y respeto, y siempre es, sin duda alguna, un acto de honestidad.

Aunque es tan sano aprender a decir NO, a veces nos parece muy difícil y no encontramos por dónde empezar o cómo hacerlo. En lo personal me fue sumamente útil leer, hace ya varios años, el libro *Cuando digo no, me siento culpable*, de Manuel J. Smith, el cual recomiendo ampliamente. En esta obra, el autor propone valiosísimas herramientas para aprender a ser asertivos. Una muy simple pero tremendamente efectiva para decir que NO cuando así lo deseamos, es la que llama "mensaje yo", el cual combina tu decisión con tus razones para decidir eso.

Veamos un ejemplo:

EL OTRO: Quiero que me prestes tu coche.

TÚ: Prefiero no prestártelo *(estás expresando que tu decisión es NO)*. Es que cuando presto mi coche me angustio *(estás expresando tus razones)*.

EL OTRO: Pero te lo voy a cuidar mucho.

TÚ: No dudo que me lo cuidarías mucho, pero cuando presto mi coche me angustio.

EL OTRO: Pues qué raro *(tonto, ridículo, egoísta, etcétera)* eres.

TÚ: Posiblemente lo sea, pero qué quieres que haga, cuando presto mi coche me angustio *(estás afirmando, validando y respetando tus sentimientos y tu decisión)*.

Y así, ante cada crítica o insistencia de la otra persona, tu respuesta será la misma. No des excusas como: "No trae gasolina" o "Lo necesito para recoger a mis hijos", porque no es la verdad y porque esto ocasionará que el otro te vaya "atrapando" con respuestas como: "Yo le pongo gasolina" o "Después de que recojas a tus hijos", hasta que no tengas más alternativa que prestar el coche, quedándote con toda esa frustración y rabia hacia ti mismo y hacia el otro.

Rescatar nuestra capacidad innata de ser honestos y congruentes nos recompensará con la agradable sensación de tranquilidad y bienestar que da el ser leal a uno mismo y honesto con los demás.

31

¿Qué es la depresión posparto?

Hace poco, un padre primerizo me suplicó desesperado que le recomendara qué hacer para ayudar a su esposa, quien desde que nació su bebé, dos meses atrás, lloraba todo el día, se desesperaba muy fácilmente con las tareas de su cuidado y luego sentía una enorme culpa y se recriminaba por ser una mala madre. "La peor madre del mundo", se describía a sí misma. Este círculo vicioso terminaba siempre en un llanto que podía durar horas, y no había poder humano que la consolara.

Es muy importante que el esposo, la esposa y sus familiares comprendan lo que significa la crisis emocional que la mayoría de las mujeres enfrentan después de tener un bebé, y que aunque parece ser más intensa con el primer hijo, es posible que se presente en cada parto. Generalmente sucede dentro de los primeros seis meses, pero puede alargarse, y aunque en algunas mujeres alcanza niveles más marcados que en otras, siempre es necesario comprenderla, enfrentarla y buscar la ayuda necesaria para superarla.

Los factores que causan esta crisis son físicos y también psicológicos. Los físicos se deben a los intensos cambios hormonales que se presentan durante el embarazo, el parto y después de éste, y que inciden directamente sobre las emociones; los psicológicos tienen que ver con todos los sentimientos que se despiertan con el enorme compromiso que se adquiere prácticamente de la noche a la mañana cuando nace el bebé y transforma la vida por completo.

La madre suele sentirse sumamente culpable por todo lo que siente y piensa durante la depresión posparto, porque es muy fuerte. Puede experimentar rechazo hacia su bebé y hasta tener dificultad para sentir amor por él; también llega a sentirse esclavizada, añorando la época en que podía dormir, hacer, ir y venir libremente. Esta sensación de esclavitud se incrementa con un pensamiento que generalmente la acompaña: "¡Esto va a ser para toda la vida!" Puede además experimentar miedo y dudas respecto a si será capaz de cumplir con su papel de madre de manera adecuada. Una hermosa y joven mujer me decía con vergüenza que las cinco primeras semanas de vida de su bebé se repetía a sí misma constantemente: "¡En qué me metí! ¡En qué me metí! ¡En qué me metí!" Pocas cosas en la vida generan más culpa y vergüenza a una madre, que reconocer que siente todo eso respecto a su bebé. Debido a ello, muchas callan para no ser juzgadas o criticadas por su esposo, familia o amigos, lo cual dificulta aún más el proceso de superación de esta etapa.

Para colmo, el estrés y la angustia maternos generan inquietud en el bebé, lo cual provocará que éste llore sin motivo aparente, esté inquieto y despierte más durante la noche, todo lo cual incrementará el cansancio y la desesperación de la madre.

"¡Pero si se supone que los hijos son una bendición y uno debería estar muy feliz, ¿por qué me siento así?!", me decía una madre primeriza cuya crisis posparto, pésimamente manejada, había durado ya más de dos años.

En algunos casos, la culpa que todos estos sentimientos y pensamientos provocan permanece durante toda la vida. Las madres debemos comprender que todo lo que en aquel momento de nuestra crisis posparto pudimos haber sentido y pensado, no nos hace malas en lo absoluto. Es una reacción completamente normal y no tiene por qué ser juzgada ni recriminada. Debemos tenernos misericordia y entender que en realidad no hay nada que perdonarnos, porque no somos culpables.

La nueva madre necesita apoyo físico y emocional de su familia y de su marido, quienes nunca deben juzgarla por lo que siente. Generalmente esta crisis se soluciona por sí misma, a medida que se restablece el equilibrio hormonal y la madre va adaptándose a los radicales cambios de su nueva vida. Cuando no se resuelve por sí misma, o si la madre lo considera necesario, es importante apoyarla para que reciba ayuda profesional —ginecológica y psicológica— para superar su crisis.

No cabe duda de que el embarazo, el parto y la maternidad son experiencias muy fuertes y a veces difíciles, pero tampoco hay duda de que estas vivencias traen consigo también la "otra parte": la hermosa experiencia de ser madre.

32

¿Cómo establecer una verdadera comunicación en la familia?

El diccionario define *comunicación* como la acción de transmitir, conversar, hacer contacto. Esta definición me gusta, pero me agradará más si le agrego lo que he llegado a conocer, palpar y confirmar a lo largo de mi vida. Yo, entonces, definiría *comunicación* como: "la acción de transmitirte y mostrarte todo lo que soy, tanto mi luz como mi sombra, y de estar abierta a recibir lo que tú eres, tanto tu luz como tu sombra, y así poder comprendernos, respetarnos y amarnos tal como somos". A esto le llamo "estar unidos alma con alma". Y ésta es la verdadera comunicación.

¿Te suena fantasioso e imposible de realizar? Créeme que no lo es, aunque tampoco resulta fácil, porque hemos creado factores que nos lo dificultan. No obstante, al ser conscientes de ellos podemos revertir el proceso y crear algo diferente. Aun cuando existen muchos factores que impiden una comunicación sana en la familia y nos alejan a unos de otros, mencionaré simplemente tres recomendaciones que, si las observamos y desarrollamos, traerán grandes y positivos cambios en la comunicación con las personas y con nuestros seres queridos en particular.

La primera de estas recomendaciones es desarrollar la *capacidad de "ponernos en los zapatos del otro"*. Esto significa poder ver, sentir y percibir una situación desde los sentimientos y el punto de vista de la otra persona, no con el propósito de justificar su conducta, sino de comprender —sin juicios— sus porqués. Dicha actitud nos conduce a ser compasivos y respetuosos hacia la historia y las heridas ajenas, ya que, a fin de cuentas, todos tenemos algunas.

Otra eficaz herramienta de la verdadera comunicación en la familia es la *capacidad de escuchar*. Me llama la atención la fuerte tendencia que casi todos los seres humanos tenemos a interrumpir cuando el otro está hablando, con el propósito de defendernos, justificarnos o revirarle lo que está diciendo, recordándole que él lo ha hecho también. Algunas veces ni siquiera escuchamos a la otra persona, porque nuestro diálogo interno está muy ocupado haciendo juicios o planeando la respuesta para que sea ¡tan buena! que nos haga ganar la "competencia".

Otra faceta que toma esta incapacidad de escuchar es que con frecuencia, en lugar de poner toda nuestra atención en el otro cuando nos habla, dejamos que nuestra mente se desvíe hacia mil lugares y asuntos, y en verdad no estamos escuchando nada. Esto se torna realmente "grave" cuando quien nos habla es uno de nuestros seres queridos y, peor aún, cuando lo que nos dice tiene que ver con sus sentimientos, sus necesidades y su mundo interior.

Desarrollar la capacidad de escuchar significa tener la voluntad de poner atención al otro cuando se expresa y desarrollar la disciplina de dominar el diálogo interno que nos distrae o la boca que quiere interrumpir para establecer su punto.

Por último, la *capacidad de respetar las diferencias* y aceptarnos unos a otros tal como somos es otro factor que contribuye a la sana comunicación. Con mucha frecuencia queremos cambiar a los demás, criticándolos y enjuiciándolos porque no son como nosotros quisiéramos que fueran, convencidos de que sabemos mejor que nadie cómo debe ser cada persona y de que tenemos la verdad absoluta sobre lo que es correcto o incorrecto.

Nos cuesta mucho aceptar que los demás sean diferentes y los queremos hacer a nuestra manera, porque entonces viviremos muy cómodos y así no tendremos que trabajar en cambiarnos a nosotros mismos. Como si nos dijéramos por dentro: "Todos sean como yo quiero, para que yo viva muy a gusto y no tenga que incomodarme tratando de cambiar".

Para desarrollar la capacidad de respetar las diferencias es útil confrontarte constantemente a ti mismo con estos cuestionamientos: "¿Quién dice que yo tengo la verdad absoluta?", "¿Quién me ha otorgado el derecho para querer cambiar a todos?", "¿Quién dice que yo sé lo que los demás deben ser, saber, hacer, pensar, sentir?"

La familia es —o debería ser— nuestro santuario, el espacio que nos acoge y proporciona la seguridad, el sentido de pertenencia y las herramientas necesarias para ir por la vida. ¿No crees que vale la pena cualquier esfuerzo que hagas para que cumpla su hermosa e importante función?

33

¿Cómo ayudar a tus hijos a desarrollar su autoestima?

Para John Milton, "nada beneficia más al ser humano que su AUTOESTIMA". En efecto, ésta nos permite sentirnos valiosos, capaces y convencidos de que merecemos ser amados, exitosos y felices.

Existe cierta confusión en cuanto a lo que significa tener una autoestima alta; así, a menudo se considera que la persona que la tiene es déspota, agresiva y soberbia. La verdad es que estas actitudes no tienen nada que ver con la autoestima, sino con lo contrario: un complejo de inferioridad que lleva al individuo a comportarse de la manera mencionada, en un intento inconsciente de compensar su sentimiento de minusvalía.

Una persona con autoestima alta es amorosa, comprensiva, capaz de reconocer sus errores y de valorar y respetar a los demás, tal como lo hace consigo misma.

Un valioso regalo que les podemos ofrecer a nuestros hijos es apoyarlos para que desarrollen su autoestima. He aquí algunas recomendaciones:

a) Ayúdalos a desarrollar sus talentos. Todos venimos al mundo "equipados" con una cantidad de ellos, y nos sentimos atraídos por las experiencias y las actividades que nos permiten desarrollarlos. Esto nos produce una sensación de éxito, plenitud, satisfacción y gozo, que son muy conocidos para todos aquellos que tenemos la fortuna de trabajar en lo que nos permite poner en práctica nuestros talentos. Cuando tu hijo lleva a cabo actividades relacionadas con ellos, experimenta esos sanadores sentimientos que fortalecen su autoestima. Asimismo, si no es eficiente en alguna área de su desempeño escolar, tener actividades donde sí lo es le ayudará a compensar su carencia y a no sentirse inferior o inadecuado.

Es muy fácil reconocer los talentos de tus hijos, porque todo el tiempo los muestran a través de sus juegos, comentarios y acciones.

b) Usa un lenguaje temporal, no permanente, cuando les llames la atención a tus hijos. Es decir, en lugar de expresar algo como: "Eres un egoísta" (lenguaje permanente), dile: "Estás siendo muy egoísta con tu hermano" (lenguaje temporal). En lugar de: "Eres un malhecho", dile: "Esta tarea está muy mal hecha". Porque al usar la expresión "eres" te estás refiriendo a su identidad, como si todo él fuera siempre así, y esto va formando su autoconcepto (lo que él piensa de sí mismo), lo cual es la base de la autoestima. Con frecuencia los padres, queriendo rechazar un comportamiento, rechazamos a nuestro hijo completito, dándole el mensaje de: "Todo tú me desagradas", en lugar de: "Tu comportamiento me desagrada".

c) Háblales de lo que te gusta de ellos y de lo que sí hacen bien. A veces los padres nos referimos mucho más a lo que nuestros hijos hacen "mal", que a lo valiosos que son y a las cualidades que tienen. Cuando somos niños formamos nuestro autoconcepto (lo que creemos sobre nosotros mismos) con base en lo que nos dicen los adultos significativos de nuestro entorno, especialmente los padres. Si ellos dicen que somos malos, tontos, etcétera, simplemente lo creemos porque no hemos desarrollado el pensamiento abstracto suficiente para discernir si es verdad o no, o hacer suposiciones complejas como: "Me lo dice porque está enojado o porque me tiene envidia porque yo digo lo que pienso y ella no puede". Así, pues, nos "tragamos" sin saborear ni masticar lo que nos dicen nuestros padres acerca de nosotros mismos, y ello se convierte en la verdad absoluta. Esto se llama introyección.

d) Exprésales tu amor tanto verbal como físicamente. No des por hecho que lo saben, porque aunque así sea, tus hijos necesitan escuchar y sentir que los amas. Un hijo que se siente amado será un ser humano seguro, sano y feliz, cualidades inseparables de la autoestima.

e) Muéstrales, con tus actos cotidianos, que son muy importantes para ti. Con cuánta frecuencia los padres llevamos a cabo acciones que les dan a nuestros hijos mensajes como éstos: "Mis invitados son más importantes que tú", "Primero está mi trabajo, mis amigos, todo, y luego tú", "Tú no mereces que gaste y me esfuerce por ti, como otras personas lo merecen", etcétera. Todos estos mensajes se los envías a tus hijos cuando preparas deliciosas botanas para tus invitados, pones la hermosa vajilla en la mesa y las toallas nuevas en el baño, y les dices: "No vayan a comerse eso, es para las visitas", "No usen esa toalla, es para las visitas"… Cuántas veces también haces un compromiso con tus hijos o les prometes algo, y con la mano en la cintura lo anulas porque tu amigo o tu hermana te llamó y te propuso ir a no sé dónde o hacer tal cosa.

Ayudar a nuestros hijos a desarrollar su autoestima no es ninguna tarea titánica, sino una labor sencilla que se desarrolla en el día a día. Sin embargo, es uno de los regalos más valiosos que les podemos dar y que los beneficiarán para el resto de su vida.

34

¿Necesitas una píldora de "ubicatex"?

La vi caminando en un centro comercial. Sus marchitas piernas de más de 70 años se asomaban por debajo de su mini minifalda. Sus implantes de senos surgían rebosantes de la escotada blusa y sus inquietos ojos, enmarcados por largas pestañas postizas y mucho maquillaje, se movían de un lado a otro en busca de una presa a quien cazar.

Por fin encontró una: un hombre de mediana edad sentado en una banca, quien se levantó como resorte cuando la cazadora se sentó a su lado, muy cerca, moviendo coquetamente sus pestañas y mostrándole sus encantos.

La imaginé regresando a casa… desilusionada, sola, quitándose el maquillaje y los múltiples accesorios dorados; rogando que la débil llama de la esperanza siguiera viva hasta el día siguiente: "Tal vez mañana…"

Sentí una respetuosa compasión por ella; imaginé su dolor y su impotencia ante la cruda realidad que le muestra a gritos que ya se fue la edad para andar arrancando suspiros. Y de los archivos de mi mente surgió el recuerdo de varias mujeres que conozco, que aunque más jóvenes que la susodicha, también luchan por retener una juventud que se está yendo, odiando al tiempo por las huellas que va dejando en sus cuerpos.

Recordé a la que, cuando le preguntan cuántos hijos tiene, sólo menciona al de 10 años, porque si habla de la de 22 podrían saber que tiene más de 40. Y por supuesto, la de 22 está desarrollando toda clase de síntomas patológicos con el objetivo inconsciente de que su madre "la vea"; de hacerse presente y dejar de ser "la excluida".

También vino a mi mente la que en su intento por retener a un atractivo treintañero le mintió respecto a su edad y obligó a sus hijas adolescentes a hacer lo mismo para que las fechas coincidieran. Hizo uso de sus habilidades matemáticas alterando fechas importantes de su vida para no "echarse de cabeza" durante alguna conversación, y las anotó en un papel que escondió en un lugar secreto; no fuera a ser que las olvidara y metiera la pata. Recordé la ocasión en que ella me habló de su insomnio y de que todo el día se siente ansiosa y angustiada. "¡Y cómo no habrías de estarlo —le dije—, si vas por la vida sosteniendo semejante mentira!"

Otra mujer obliga a su nieto a llamarle "tía" para que crean que es más joven, porque se avergüenza de ser abuela.

Y una más esconde a tal punto su edad, que ni siquiera sus hijos veinteañeros la conocen con exactitud.

¿Qué estás haciendo quitándote los años de tu bendita vida para que crean que eres más joven? ¡Quitarte los años es como escupirle a la vida! ¿Cuántos estás despreciando? ¿Cuáles de ellos le vas a aventar a Dios de regreso? Tal vez los años en que diste a luz a tus hijos, o quizá ese año difícil en el que lloraste mucho y aprendiste tanto. O quizá sea mejor borrar de tu historia algunos años de tu infancia.

Mujer… querida compañera de la vida… déjate de ridiculeces y acepta con gozo cada día, cada año, cada década de tu sagrada existencia. Deja de alimentar la absurda ilusión de que si niegas algunos años, de veras se van a borrar de tu cuerpo, de tu rostro y de tu historia. Acepta la realidad de que no importa cuántas cirugías plásticas te hagas, no te ves joven, te ves madura con cirugía. Nunca más te verás joven, porque cuando la juventud se va, se va. ¿Y quién te dijo que eso es una tragedia?

Tómate esta píldora de "ubicatex" para que te cure esa obsesión por la juventud, te permita bendecir, honrar y agradecer tu vida y encontrar la belleza y el encanto de la madurez.

35

¿Por qué le damos tanto poder al teléfono?

No quiero ser considerada como "telefonofóbica" o "celularfóbica". De hecho, me encanta el teléfono en todas sus presentaciones y usos, y disfruto muchísimo utilizarlo. En una ocasión, una amiga me dijo, molesta: "¡Ay, Martha, qué bárbara!, ¡cómo tardas en tus llamadas! El teléfono es para emergencias". Y yo le respondí: "El tuyo será para emergencias, mi reina; el mío es para disfrutarlo".

No obstante, aun cuando es obvia mi buena relación con el teléfono, me impresiona la tiranía que éste ejerce sobre casi todos nosotros, o mejor dicho, que le permitimos ejercer. Hace unos días estaba arreglando un asunto con el gerente de un banco. Tanto su teléfono fijo como su celular timbraron muchas veces, cada una de las cuales el susodicho me dejaba con la palabra en la boca o cortaba la frase que él estaba expresando, para contestarlo de inmediato, en un acto de sumisa obediencia al aparato; él era el amo y señor de nuestro tiempo y nuestros destinos en ese momento. El hombre parecía no ser consciente de su actitud, hasta que le pedí que por favor terminara de atenderme, ante lo cual se disculpó como ochenta veces y dejó de contestar el teléfono.

Eso sucede en todas partes: ya se trate de oficinas, tiendas, y hasta en ciertos consultorios médicos, en los que el irrespetuoso doctor nos interrumpe para atender al tirano cada vez que se le antoja timbrar. Parece ser que el teléfono tiene la prioridad en todos lados y en toda circunstancia. Pero lo que realmente me indigna es cuando se le concede esa preferencia en situaciones tan importantes como estar hablando con un hijo, la pareja, un amigo, o cuando estamos comiendo, descansando o viendo una película, que ponemos en pausa para atender al tirano.

Cuando me reúno a comer con algunas amigas, una de ellas se pasa el 90 por ciento del tiempo (otra cosa sería si fuera el 5 o el 10) pegada a su inquieto celular, mientras las otras platicamos y disfrutamos de nuestros deliciosos manjares. De cuánto se pierde y cuánto nos priva de su presencia y conversación, por su obediencia sumisa al celular. ¿Qué clase de convivencia es ésa?

¿Por qué será que le damos tanto poder al teléfono —en cualquiera de sus presentaciones— y dejamos que rija de esa manera nuestra vida y nuestras relaciones? Muchas veces me lo he preguntado, y he llegado a las siguientes conclusiones: por una parte, a las personas no nos gusta quedarnos en suspenso; escucharlo sonar y no contestarlo nos deja una sensación de: "¿quién sería?", "¿qué querría?", "¿qué me iba a decir?", y esa incertidumbre nos causa inquietud y nos lleva a veces a suponer que se trataba de la llamada más importante de nuestra vida, y nos la perdimos. Por otra parte, las sorpresas nos encantan, y cada llamada de alguna manera es una sorpresa. Otro factor que a mi parecer refuerza ese poder que le concedemos al teléfono es simplemente un aprendizaje cultural que está tan arraigado en el inconsciente colectivo, que ni siquiera nos detenemos a cuestionarlo.

Asimismo, tenemos tal tendencia a sentirnos el centro del universo, que estamos convencidos de que si no contestamos, el mundo entero entrará en caos. Mi colega Rogelio Caballero le dice a su audiencia antes de comenzar a dictar un curso o conferencia: "Por favor apaguen sus celulares. Corramos el riesgo de que el mundo entre en caos porque ustedes apagaron su celular".

En estos contextos de eventos públicos (cine, conferencias, conciertos, etcétera) a mí no me cabe en la cabeza que se le tenga que pedir a la gente que apague su teléfono o lo ponga en vibración, porque si no, no lo hacen; ¡es sentido común! Y menos me cabe en la cabeza que algunos no acaten esta petición y, peor aún, que otros tengan el descaro de contestarlo cuando timbra y hablar a todo volumen, como si estuvieran solos en el lugar. Cuando esto me llega a suceder durante alguna de las conferencias que imparto, me distraigo y salgo de flujo enormemente. Yo de plano me quedo callada, esperando que la persona termine de hablar para poder continuar. Te confieso que en el fondo también tengo una "mala" intención: deseo que los demás asistentes se den cuenta y callen a la persona, para así castigarla por andar compitiendo conmigo en eso de querer ser el centro del universo.

Seguramente habrá otros aspectos, además de los que he comentado, que nos llevan a ser esclavos del gran tirano llamado teléfono. Pero sean cuales fueren tus razones para contestarlo cada vez que timbra, sin importar lo que estés interrumpiendo, te invito a que reflexiones al respecto y le des a cada cosa la importancia que merece. En mi opinión, no deberíamos interrumpir la comida familiar, las conversaciones con nuestros seres queridos, ni nuestro tiempo de descanso y esparcimiento, nomás porque el teléfono timbra.

36

¿Qué es la depresión navideña?

Aun cuando la época de Navidad para algunas personas significa alegría, sorpresas, fiestas y amor, para otras representa desilusión y tristeza, lo cual las lleva a deprimirse en algún grado y a desear que esta etapa pase lo más pronto posible o, mejor aún, que no existiera. "Quisiera dormirme todo el mes de diciembre y despertar hasta mediados de enero", me dijo un paciente que durante la época de Navidad se deprimía mucho. Ésta es una situación tan común, que médicamente se le diagnostica como un tipo específico de depresión: "la depresión navideña". Comienza a activarse desde el momento en que se acerca la fecha y los hogares y las tiendas empiezan a exhibir sus resplandecientes arreglos y arbolitos, que fungen como disparadores de esa mezcla de sentimientos que acompañan a la depresión navideña: tristeza, nostalgia, melancolía, desilusión, angustia, enojo y frustración.

Hay varias razones por las cuales a algunas personas les sucede esto. Una de ellas tiene que ver con el hecho de que ésta es una época de reunión familiar, lo cual hace que se sienta con más intensidad la soledad, la nostalgia por épocas pasadas o el dolor por la pérdida de seres queridos.

Existen también ciertas expectativas culturales con respecto a la época decembrina: tenemos que asistir a fiestas navideñas y tener una maravillosa comida o cena familiar el día de Navidad. Si no sucede esto, nos sentimos desilusionados y tristes. En muchas familias, esta cena resulta justamente lo contrario de lo que se supone que debería ser, porque están todos reunidos y con el calor de las copas —que bajan las defensas y hacen que salgan las verdades reprimidas y negadas— surgen viejos resentimientos y reclamos, convirtiendo la cena, que se esperaba maravillosa, en uno de los momentos más desagradables y dolorosos del año.

Otro factor que origina esta depresión es que durante esta época se nos reactivan las nostalgias y desilusiones de la infancia, aquellas que muchísima gente experimentó al no recibir el juguete que le pidió al Niño Dios, Santa Claus o los Reyes Magos; para muchas personas éstas fueron sus primeras grandes desilusiones, y peor aún si sus padres les dijeron que no les trajeron lo que querían porque se portaron mal, haciéndolos sentir, además de desilusionados, malos, inadecuados y culpables.

Es posible también que la persona ya de por sí sufra un tipo de depresión invernal o síndrome de ausencia de luz, que se activa por la simple llegada del invierno. Esto, aunado a los demás factores mencionados, dispara ese estado emocional.

Quienes experimentan la depresión navideña deben saber que hay solución. Es necesario que busquen ayuda profesional, tanto médica como psicológica. El médico evaluará si existe algún desequilibrio bioquímico en su cerebro que pueda ser la causa de que en esta época se reactive o intensifique ese estado de ánimo; por su parte, el psicólogo ayudará a trabajar en la sanación de las heridas de la infancia o del presente, asociadas con todos los aspectos del periodo navideño, así como a desarrollar un proyecto de estrategias y actividades que permitan pasar esta etapa de la mejor manera posible.

Una cosa es segura: cada año, el resto de la vida, habrá una Navidad. Vale la pena entonces trabajar en las causas de la depresión navideña para poder disfrutarla, o por lo menos no sufrirla.

37

¿Qué hacer para que los regalos navideños no te angustien?

"La Navidad es época de regalar." Palabras más, palabras menos, eso es lo que dicen los comerciales en esa época. Las tiendas están saturadas de gente que a veces gasta mucho más de lo que debe, puede y había planeado, para luego sufrir las consecuencias a la hora de pagar las tarjetas de crédito o ver con desilusión que ya se fue el dinero del aguinaldo. Me parece que los regalos navideños son una fuerza poderosa que nos atrapa y controla nuestras decisiones y deseos, haciéndonos comprar lo que no estaba planeado o ni siquiera deseamos.

Por tal razón, este asunto es para muchos una fuente de angustia, estrés, preocupación y hasta conflictos familiares. Es muy importante que reflexionemos cómo en realidad deseamos conducirnos en relación con este tema y así tomar nuestras propias decisiones al respecto, respetando lo que deseamos y podemos, en lugar de seguir la inercia social que nos envuelve y "obliga" a tomar decisiones que no nos convienen. He aquí algunas recomendaciones para lograrlo:

- Elabora con anticipación una lista de los regalos que deseas dar y el monto aproximado que quieres invertir en cada uno, para que tengas claro cuánto dinero vas a gastar;

cuando llegue la hora de comprarlos, sé fiel a estas decisiones.

- Sé consciente de esta cruda realidad: la mayoría de los regalos que das en Navidad no le van a gustar a quien los recibe o no los necesita; por lo tanto, no los va a utilizar ni a disfrutar. Por ello es recomendable que les pidas a las personas a quienes les darás un regalo que te den una lista de cinco o seis cosas que quieran o necesiten, para que de ahí elijas una o dos. Estas listas son tan variadas como: un galón de pintura blanca, un cartucho de tinta para mi impresora o cualquier otra cosa de índole más personal. Sea lo que sea, dar un regalo de esa lista garantiza que será útil y agradable recibirlo.

- Recuerda también que gastes lo que gastes y regales lo que regales, siempre habrá gente que lo encontrará mal y te criticará. Por eso, da sin esperar que el otro reaccione de determinada forma al recibir tu regalo. Lo que des, suéltalo, y entiende que quien lo recibe está en todo su derecho de que le guste o no. A mí me molesta sobremanera que cuando alguien me regala algo, al paso del tiempo esté verificando si lo uso y qué tan seguido, y luego me reclame o cuestione el porqué.

Por todas estas razones, es sabio romper los esquemas y reconocer que hay otro tipo de regalos que casi de seguro todos necesitamos y nos gustan, y que por lo tanto sí vamos a utilizar y a disfrutar; además, algunos ni siquiera cuestan dinero.

Por ejemplo: puedes regalar una cena en un restaurante o en tu propia casa; un masaje a cada miembro de tu familia; resolver la lista de pendientes que tiene tu hermano desidioso; cinco idas al cine; un día de cuidar a los hijos de tus amigos para que ellos salgan; pagarle a tu hermano la afinación de su coche; cocinar tres días para tu hermana y su familia, para que ella descanse; ayudarle a tu amigo a pintar su casa o pagar la pintura de la misma; organizar el cuarto de tiliches o el clóset de tu amiga, que lo tiene hecho un desastre y le da mucha flojera arreglarlo.

Esta lista de posibilidades útiles y agradables puede ser interminable y es aplicable también a los regalos de cumpleaños o de otra índole. Cuando en vez de dar cualquier objeto que encontramos por ahí, regalamos algo que la persona verdaderamente disfruta o necesita, sin lugar a dudas provocaremos en ella la sensación que los regalos deben provocar: alegría, entusiasmo, gozo y gratitud. Los que son capaces de producir ese efecto son dignos de ser llamados "regalos". Los demás son sólo objetos que pretenden tapar un hoyo.

Rompe esquemas, expande tu creatividad y no permitas que los regalos navideños se conviertan en una fuente de conflicto y estrés para ti.

38

¿Cómo lograr tus metas?

Los periodos en que se cierra un ciclo y se abre otro, como el año nuevo o los aniversarios de cualquier tipo, son muy buenos momentos para hacer cambios y establecer nuevas metas.

Tener sueños es algo inherente a la naturaleza humana y éstos se realizan a través del cumplimiento de metas. Aun cuando en el momento en que las establecemos estamos altamente motivados y convencidos, con frecuencia esta motivación se va desvaneciendo a medida que pasan los días o las semanas, y va siendo suplantada por su opuesto: la desmotivación y la desesperanza. Dejar sueños sin realizar y metas sin cumplir, tarde o temprano nos genera una mezcla de culpa y desilusión por no haber sido capaces de lograrlos. Y lo peor de esto es el sentimiento de decepción respecto a uno mismo, el cual afecta a nuestro autoconcepto y, por consiguiente, a nuestra autoestima.

La mayoría de las veces no alcanzamos esas metas porque la forma en que las planteamos y organizamos no es la adecuada. A veces sólo pensar en ellas nos hace sentir cansados y abrumados. Para que esto no suceda y el cumplimiento de metas sea fácil, suavecito y eficaz, te propongo a continuación algunas estrategias para su planteamiento que en mi experiencia profesional y personal he comprobado que funcionan.

I. Ante todo, hay que plantear la meta de forma concreta y específica, usando sólo términos positivos y en tiempo presente. No plantees lo que no quieres, sino lo que sí quieres. Por ejemplo, en lugar de decir: "No seguiré en este trabajo que no me gusta", decir: "Encuentro el trabajo que me llena de alegría y satisfacción"; o en lugar de: "Ya no seguiré con estos kilos de más", decir: "Llego a un peso de 50 kilos". Esto es importante, porque al decir: "Ya no seguiré con estos kilos de más", la mente construye automáticamente una imagen de uno mismo con esos kilos de más. En cambio, al decir: "Llego a un peso de 50 kilos", la mente construye una imagen de uno mismo con 50 kilos. Recordemos que todo empieza en la mente y que el poder de las imágenes mentales es enorme.

II. El segundo paso es "dosificar" la meta, ya que cuando la planteamos "en masa" nos sentimos abrumados y no encontramos por dónde empezar. Por el contrario, al dosificarla es fácil lograr cada paso. Si la meta es hacer ejercicio, escribimos cada pequeño paso que nos llevará a lograrla, añadiendo la fecha en que lo haremos. Por ejemplo:

1) buscar en el directorio los gimnasios que me quedan cerca (lunes 8 de abril en la mañana).
2) llamar para pedir informes (miércoles 10 de abril a las 12:00 h).
3) ir a inscribirme (sábado 13 de abril en la tarde, entre 4 y 6).
4) comenzar mis clases (lunes 15 de abril a las 9:00 h).

Otro ejemplo:

Meta: hacer mi testamento (que tengo tres años pensando en hacer):

1) llamar a mi hermano para pedirle el teléfono del abogado (viernes 7 de septiembre entre las 10 y las 11 de la mañana).
2) llamar a la oficina del abogado para hacer la cita y preguntar qué papeles debo llevar (lunes 10 de septiembre a las 11:00 h).

3) organizar todos los papeles que llevaré (martes 11 de septiembre en la tarde, antes de las 6).

¡Y ya llegó el día de la cita!

De esta manera, nos ocupamos sólo de cumplir con el pequeño paso que corresponde a cada día, y cuando menos pensamos, la meta está cumplida.

III. El logro de la meta debe depender de uno mismo. He escuchado a personas plantearse objetivos como: "Que mi hijo regrese a la universidad", "Que mi esposo tenga mejor comunicación con mis hijos", y cosas de ese tipo que, debido a que dependen de otros para ser cumplidas, será casi imposible lograrlas y sólo nos sentiremos frustrados y molestos.

Habrá de seguro metas mucho más complejas que desees plantearte, como poner tu negocio, mudarte a otra ciudad, organizar un concierto, etcétera. La misma estrategia es aplicable y será igualmente efectiva para el logro de tus fines.

Teniendo en cuenta estos simples consejos, será más probable que podamos lograr nuestras metas. Te invito a probarlos y ¡buena suerte!

39

¿Cómo y para qué festejar a tu niño interior?

El 30 de abril celebramos el día del niño, pero muy pocos festejan a su propio niño o niña interior; de hecho, muy pocos son siquiera conscientes de que tienen uno.

Pero ¿de qué se trata exactamente este asunto del niño interior? Cuando fuimos niños, todos nosotros tuvimos algunas —o muchas— experiencias emocionales dolorosas o traumáticas, necesidades insatisfechas y áreas de nuestra personalidad que no se desarrollaron de manera sana y adecuada, por la simple razón de que tuvimos padres imperfectos, como ahora nosotros también somos padres imperfectos. Como adultos, tenemos la capacidad de entender que nuestros padres hicieron lo mejor que pudieron, que también tenían sus propios problemas emocionales y de otra índole, y tal vez hasta lleguemos a comprender profundamente las causas de sus limitaciones y errores. No obstante, cuando somos niños no podemos comprender todas esas cosas; simplemente somos directamente afectados por ellas. Un niño nomás experimenta las vivencias, no las razona y mucho menos las comprende.

Así, pues, la criatura sufrirá sin duda las consecuencias del abandono físico o emocional, de la falta de amor, de la indiferencia, del abuso y el rechazo, de las injusticias, etcétera. El niño no puede llevar a cabo reflexiones abstractas, propias de los adultos, para comprender por ejemplo que el padre es abusador y agresivo porque es justamente lo que recibió de su propio padre, o que su madre es fría y distante emocionalmente porque tiene una profunda depresión, o que no le ponen atención porque son tantos hermanos, que la madre sencillamente no puede. El niño, insisto, simplemente reacciona a todas esas carencias emocionales, necesidades insatisfechas o abusos, y es afectado por ellas.

Cuando nos convertimos en adultos, sigue latiendo dentro de nosotros ese niño interior herido y necesitado, a menos que hagamos algo para sanarlo. "Cuando los sentimientos se reprimen, especialmente la ira y el dolor, ese pequeño se convertirá físicamente en un adulto, pero en su interior permanecerá ese niño enojado y herido. Ese niño interno contaminará espontáneamente la conducta de la persona adulta", dice John Bradshaw en su maravillosa obra *Volver a la niñez*. Recomiendo mucho este libro, así como la psicoterapia o cualquier otro medio de curación, que ofrecen efectivas herramientas para sanar a nuestro niño interior.

También, por supuesto, las áreas sanas y felices de nuestro niño interior siguen vivas, como su capacidad de reír y disfrutar, su curiosidad, su interés por aprender, etcétera.

La fecha en que se celebra el "día del niño" (en México es el 30 de abril), te invito a que festejes a tu niño o niña interior. Lo que sugiero a continuación también lo puedes llevar a cabo cualquier otro día del año.

Primero, tómate unos momentos para entrar en contacto con él/ella. Imagina que está frente a ti; abrázalo; dile que lo amas tal como es, que es una criatura maravillosa y merece lo mejor de la vida, que ahora que eres un adulto, tú lo cuidarás y protegerás. Dile todo lo que te nazca expresarle. Luego, ¡festéjalo!, regálale algo que se quedó con ganas de tener, dale algo que le encanta comer o llévalo a algún lugar a donde le gusta ir. No te imaginas el bien que esto te hará. ¡Feliz día del niño interior!

40

¿Cuál es la función de la envidia?

"Mi amiga la envidia." Así le llamo yo a este estado interno que es mucho más que un sentimiento. Amiga, porque desde el momento en que entendí su función, la he convertido en mi aliada para aprender y crecer. A ella le debo importantes y saludables cambios en mi vida y la realización de acciones que me han atraído infinidad de recompensas. La envidia, por ejemplo, fue la chispa que gestó en mí el impulso de escribir mi primer libro y *best seller*, *Tu hijo, tu espejo*, que me ha traído incontables bendiciones en todas las áreas de mi vida.

Para que la envidia se convierta en una aliada para crecer, hay que entender su función. Tenemos la tendencia a etiquetar las cosas y los sentimientos como "malos o buenos", "deseables o indeseables", "pecados o virtudes". La envidia no es la excepción. Pero con esta forma de calificar y clasificar lo que es parte de la vida misma, no aprendemos nada ni crecemos. Aun los asuntos que calificamos de malos tienen una función, lo que hace que nada en realidad sea malo, sólo es.

En el caso de la envidia, siendo algo tan mal visto tendemos a negar cuando la sentimos y a proyectarla en otros a través de la crítica y el juicio. Sí… la crítica y el juicio son el lenguaje de la envidia, de manera tal que cuando criticamos y juzgamos, muy probablemente sentimos envidia. Se necesita mucho valor, madurez y autenticidad para reconocerlo, porque a nadie le gusta aceptar que la siente. Algunas personas hasta se ofenderían si ante algún comentario enjuiciador hacia alguien le dijéramos que le tiene envidia. Al parecer suponemos que ésta sólo la experimentan los "malos". No es así… ¡todos, absolutamente todos!, la experimentamos y es parte de la vida. El otro tiene algo que yo deseo, y esto me confronta con mi carencia.

Veamos. A veces la envidia se nos manifiesta tan clara que sólo falta la voluntad de reconocerla para darnos cuenta de que la sentimos. Sin embargo, en otras ocasiones lo que le envidiamos a alguien parece estar encubierto y enmascarado detrás de un rasgo de su personalidad o un comportamiento que catalogaríamos como "malo" e "indeseable". En estos casos no resulta tan claro identificarla, pero una vez que entendemos esta dinámica, se vuelve clara como el agua. Pondré un ejemplo: una persona habla de otra, afirmando que es agresiva y ofensiva. Puede quedar en sólo un comentario sin carga emocional, o puede ser que lo acompañe una actitud de juicio, crítica y hasta desprecio hacia tal persona. En el primer caso se trata sólo de una aseveración; en el segundo, es envidia. Si confrontáramos a quien hizo el comentario, podría replicar con justa razón: "¡Por supuesto que no le tengo envidia! Yo no quiero ser agresivo ni ofensivo". Si nos quedamos ahí, parece que eso es todo; pero si vemos más allá, entendemos que no es el comportamiento agresivo y ofensivo el que se envidia, sino lo que hay detrás de él: "¡Se atreve a decir lo que piensa, quiere y siente, y yo no!" Si bien es cierto que esta forma de afirmar lo que se piensa, quiere y siente no es sana, eso no nos importa en este espacio; lo que nos interesa es descubrir la envidia detrás del desprecio hacia tales actitudes.

Cada vez que nuestros comentarios acerca de otros tienen una carga de juicio, crítica y menosprecio, podemos estar seguros de que tenemos envidia. Si somos honestos, con sólo una leve exploración la identificaremos.

Yo estoy muy convencida de que la envidia es una MENSAJERA DEL ALMA. A través de ella, el alma nos muestra los asuntos de nuestra vida en que es necesario trabajar y que es indispensable atender. ¿Cómo entonces convertirla en una aliada para crecer?

- Teniendo la voluntad para reconocer que la sientes cada vez que se te presenta, ya sea como un claro e inequívoco sentimiento, o enmascarada detrás del juicio hacia un rasgo de la personalidad o del comportamiento indeseable del otro.
- Una vez que la reconoces como propia, identifica qué es lo que envidias para darte cuenta de cuál es el mensaje que tu alma te quiere dar a través de ella. Esto es muy sencillo: si envidias a tu hermano por su éxito profesional, tu alma te está diciendo algo así como: "Necesitas echar a andar los talentos que tienes en total abandono y trabajar en lograr tus sueños". Si envidias la belleza de tu amiga, quizá el mensaje sea: "¡Has descuidado tanto tu cuerpo! ¡Aliméntate sanamente, haz ejercicio, arréglate!" Tal vez sientas envidia de tus amigos por su sana y hermosa relación de pareja, y el mensaje sea que es urgente que atiendas tu propia relación, que acudas a terapia de pareja, que dejes tu ego a un lado y comiences a ser amoroso con tu cónyuge.
- Luego viene una acción que al ego no le gusta, pero que es necesaria dentro de este proceso de convertir a la envidia en aliada para crecer: reconocerle verbalmente a la persona eso que le envidias: "Te felicito por tus logros y tu éxito profesional", "¡Qué bonito cuerpo tienes!", "Tu presentación estuvo de primera", "Tienes un carisma increíble con la gente", "Felicidades por tu nuevo auto", etcétera. Las sensaciones que experimentarás al hacer esto serán muy agradables, sanadoras y hasta conmovedoras, ya lo verás.
- Enseguida, habrás de interrogar a la persona sobre eso que le envidias, pedirle que te enseñe: "¿Cómo le haces para tomarte la vida con calma y ser paciente?", "¿Cómo has logrado tener la valentía de correr riesgos para reali-

zar tus sueños?", "¿Cómo consigues ser fiel a ti mismo sin importarte el qué dirán?", "¿Qué haces para mantener tu cuerpo tan bello?", "Has construido una hermosa relación de pareja, ¿cuáles son tus secretos y consejos?" Lo que se aprende con las respuestas a estas preguntas no tiene precio y es por demás fascinante y maravilloso. Compruébalo.

La envidia, pues, puede ser una ácida sensación que nos hace sufrir y atora nuestro crecimiento, o una poderosa aliada que lo propicia. La decisión, como siempre, está en uno mismo.

41

¿Cuál es el sentido del trabajo?[1]

Parte de mi labor profesional consiste en dar conferencias y cursos/talleres en diversas ciudades. Hace unos días, el botones de un hotel me preguntó mientras me conducía a mi habitación: "¿Viene a trabajar?" Ante mi respuesta afirmativa, con una intensidad que le salió desde el fondo del alma, expresó: "¡Qué horror!" Y como si su aversión fuera asunto mío, le eché un sermón sobre el sentido profundo del trabajo, que para su fortuna duró sólo un par de minutos mientras llegamos a mi habitación, donde cerré la boca para dejar que a su vez pronunciara su sermón, ese que los botones dan acerca de las monerías que hay en la habitación, el cual me resulta tan aburrido como a él debió haberle resultado el mío.

Más allá de las disertaciones que muchas empresas descargan sobre sus empleados para convencerlos de que el trabajo es una maravilla y lograr que mejoren su productividad, la verdad es que yo creo de corazón que todo lo que el trabajo aporta a la vida de un ser humano es insustituible, valiosísimo, sublime.

El trabajo es un medio para satisfacer las necesidades humanas descritas por Abraham Maslow, lo cual es indispensable para

---

[1] Para un profundo análisis de este tema, recomiendo el libro *El equilibrista. Lecciones de vida para integrar tu vida y tu trabajo*, de Marcos Cristal, editorial Grijalbo.

una salud mental, emocional, física y hasta espiritual. Esta propuesta de Maslow está representada en su famosa pirámide que enuncia dichas necesidades humanas:

El trabajo ayuda a satisfacer todas esas necesidades, ya que aporta seguridad económica y también un sinnúmero de experiencias y aprendizajes de todo tipo, los cuales nos llevan a madurar, autoconocernos y evolucionar. Por otra parte, representa una oportunidad de establecer relaciones interpersonales, con todo lo que éstas conllevan: en ellas aprendemos a negociar conflictos, a ser humildes, a poner límites, a ayudar y pedir ayuda, a trabajar en equipo y mucho más.

El trabajo abre la puerta para expresar nuestros talentos; esto se llama autorrealización. Ello satisface y nutre los anhelos del alma, porque ir por la vida sin expresarlos deja una dolorosa sensación de estar incompletos e insatisfechos. Todos tenemos un talento único y una forma única e irrepetible de expresarlo. Cuando lo hagamos, tocaremos los dinteles de la gloria, los éxtasis de cuerpo y alma que se experimentan cuando uno está expresando ese talento. Todo aquel que ama su trabajo sabe de qué estoy hablando, pues lo ama porque está en el lugar correcto; no me refiero a un lugar físico, sino a las actividades que le permiten expresar ese regalo único e irrepetible que es su talento. La oportunidad de servir a la sociedad en que vivimos y ser parte de la historia son también necesidades de trascendencia que el trabajo ayuda a satisfacer.

Hay todo tipo de reacciones ante el trabajo. A algunas personas las ofende; otras lo consideran una parte obligada y tediosa de la vida, pero necesaria para obtener el dinero para vivir, y sólo para unos pocos es una fuente de profundo júbilo y bendiciones. Yo creo que en lugar de quejarnos y odiar y criticar constantemente a la empresa o institución donde laboramos, deberíamos honrar y apreciar nuestro trabajo, por todas las cosas maravillosas que aporta a nuestra vida. En una ocasión, un amigo me dijo: "El desgraciado de mi jefe me despidió". Yo le contesté: "No fue tu jefe, fuiste tú quien alejó ese empleo de tu vida, porque te la pasas criticando y despreciando a la empresa y a tu trabajo. La vida sólo respondió a ello. Tú creaste ese despido".

Cuando era adolescente formé parte de un grupo de teatro en el que representamos cientos de veces una maravillosa obra de Jodorowsky llamada *El juego que todos jugamos*. Había en ella un parlamento que me impactaba mucho por su crudo realismo, y con el cual, mientras más maduro, más de acuerdo estoy: "Es mejor cobrar dando lo mejor de uno mismo, que cobrar prostituyendo nuestra alma. Si tú estás trabajando en algo que odias… ¡renuncia, amigo!… ¡renuncia!"

42

¿Cómo, cuándo y dónde llamar la atención a tus hijos?

Hace unos días fui a cenar en casa de unos amigos. Una pareja, vecinos de los anfitriones, llegó de visita y por supuesto fue invitada a quedarse. En un momento dado, el marido dijo "en broma" algo acerca de que a su esposa no le gusta limpiar la casa. Aun cuando en lo personal me desagrada sobremanera este tipo de bromitas que ridiculizan al otro y son pura agresión pasiva, la reacción de la esposa fue muy intensa, mostrando sin lugar a dudas que la situación activó viejas heridas de la infancia. Ella se puso a llorar sin poderse contener; luego se disculpó y se fue al baño, donde permaneció un buen rato llorando. Yo sentí —y me parece que todos— una gran compasión por ella y su dolor. Aunque la acababa de conocer, tenía ganas de ir a abrazarla y consolarla.

Cuando salió del baño yo estaba en la cocina y vino hacia mí. Me dijo con mucha rabia y dolor: "Ya tuve suficiente toda mi vida con mi padre regañándome y ridiculizándome en público, como para seguir soportando esto, ahora de mi marido". Platicamos un rato en la cocina y luego decidió disculparse con todos, despedirse e irse a su casa porque no estaba de humor para seguir en la reunión.

Tal como lo imaginé, esa reacción no correspondía a una mujer adulta, sino a una niñita herida y llena de vergüenza. Esto es lo que se desarrolla en nuestros hijos cuando los regañamos y ridiculizamos en público: vergüenza, la cual destruye su autoestima y su dignidad y afecta profundamente la vida.

Es importante que comprendamos la diferencia entre culpa y vergüenza. La primera es lo que sentimos como consecuencia de un acto que se considera incorrecto, pero es posible disminuirla e incluso suprimirla pidiendo perdón o haciendo lo necesario para corregir aquel acto inaceptable que nos la causó. La vergüenza, en cambio, está profundamente arraigada en la identidad; no desaparece aunque la persona haga hasta lo imposible para corregir una situación; ni siquiera tiene que ver con una situación específica, sino que es un sentimiento generalizado, una convicción de que: "Yo soy un error; soy inadecuado". La culpa nos dice: "*Hiciste* algo malo"; la vergüenza nos dice: "Tú *eres* algo malo".

Un ser humano desarrolla la vergüenza cuando constantemente recibe mensajes como: "No sabes, no vales, no mereces, no puedes, no eres digno de ser amado porque haces tal cosa o eres de tal forma". También cuando es ridiculizado o humillado con frecuencia, y peor aún si sucede ante otras personas. Hay muchas formas de mandar este mensaje a nuestros hijos, pero una de ellas es sin duda regañarlos, ridiculizarlos, burlarnos de ellos o exponer sus intimidades en público. Algunos padres hacen esto con el fin de lucirse y presentarse a sí mismos como muy inteligentes para educarlos.

Llamar la atención a nuestros hijos cuando sea preciso, expresarles que estamos molestos por algo o corregir lo que consideremos necesario, es una de las funciones que a los padres nos corresponde realizar, pero hay que tener cuidado de hacerlo en privado, no delante de otros y mucho menos frente a sus amigos.

Contrariamente a lo que muchos padres piensan, hay que respetar a nuestros hijos y tener delicadeza hacia sus sentimientos, sus heridas, sus "lados flacos", pues sin duda alguna todos éstos son lastimados cuando los ridiculizamos o exponemos ante otros.

Si quieres exponer en público los errores o intimidades de alguien para lucirte o hacerte el chistoso, habla de los tuyos propios.

43

¿Cuál es la función del llanto?

Me entristece darme cuenta de que hay mucha gente que se avergüenza cuando llora. La he encontrado en mi consultorio, en mis cursos y talleres, y hasta en el cine. Y aunque me duele ver esta actitud en los adultos, mucho más me duele verla en los niños, a quienes enseñamos que llorar los hace indeseables.

Cuando estamos frente a alguna persona que llora, hacemos todo lo posible por sacarla de ese estado, sin saber que más que hacerle un bien le estamos estorbando. Lo hacemos porque desconocemos la función del llanto y porque muchas veces el dolor y las lágrimas de otros nos reactivan los recuerdos de nuestros propios dolores y llantos reprimidos que hemos dejado enterrados en nuestro corazón y tarde o temprano se convierten en amargura. Cuando veo a una persona de esas a las que todo les molesta, que están constantemente enojadas, quejándose, criticando y buscando el lado oscuro de todo y de todos, me viene a la mente una imagen metafórica en la que imagino su corazón (no el físico, sino el emocional) henchido de lágrimas viejas que nunca salieron y a las que el tiempo volvió más saladas y agrias de lo que eran en principio, convirtiendo a esa persona en la imagen viva de la amargura.

Aun cuando existe la errónea creencia de que no debemos llorar porque nos hace daño y porque es una muestra de debilidad, ésta es una infundada y absurda suposición que no sólo nos ha llevado a sentirnos avergonzados cuando lloramos, sino además a esforzarnos para desarrollar la habilidad de reprimir el llanto y, peor aún, a enseñar a los niños a hacerlo también, sin comprender que llorar es una función emocional y biológica que tiene una razón de ser.

Los seres humanos estamos muy bien hechos, y tratándose de sentimientos, siempre vienen juntos "el remedio y el trapito". Cuando experimentamos un *shock* o desequilibrio emocional como consecuencia de una vivencia dolorosa, automáticamente se nos disparan las ganas de llorar con todo lo que esta acción conlleva, como es suspirar y gemir, porque al hacer todo esto desechamos una cantidad de sustancias tóxicas que se generan en nuestro cuerpo como producto de ese *shock* emocional, y a través de los profundos suspiros tomamos buenas cantidades de oxígeno que nuestro cerebro y en general todo nuestro cuerpo necesitan para lidiar con las hormonas del estrés y demás toxinas que se produjeron. Por eso, después de una buena sesión de llanto nos sentimos relajados, serenos y hasta motivados. Ahora nos queda claro que llorar no hace daño, sino reprimir el llanto.

La otra faceta de la errónea creencia acerca del llanto es la que afirma que llorar es de gente débil. La verdad es que para atreverse a entrar en contacto con el tipo de sentimientos que nos hacen llorar, hay que ser valientes; los débiles son los que no se permiten llorar ni reconocer que sienten dolor, tristeza, ira o frustración. Sentir y llorar es, pues, un acto de valientes y un recurso humano que deberíamos apreciar y respetar.

44

¿Cómo enseñar a los niños a compartir?

Los padres, en general, tenemos un genuino deseo de que nuestros hijos sean personas generosas, ya que este hermoso valor les da soporte y guía en la vida y les abre las puertas de la abundancia y la prosperidad. Desde mi punto de vista, la generosidad, más que un valor, es una manifestación de nuestra naturaleza superior. Observemos cómo la naturaleza —que es una gran maestra y en ella encontramos todas las respuestas— es generosa a manos llenas.

En una ocasión, por pura curiosidad, enterré un jitomate medio podrido en un rincón de mi jardín. Pronto germinaron un montón de plantitas, que crecieron y me dieron una gran cantidad de jitomates. Sentí una enorme gratitud hacia la madre tierra, que me devolvió multiplicado ese jitomate que sembré.

Ésta es justamente la primera recomendación que te quiero hacer para enseñar a los niños a compartir: hay que hacerlos conscientes de la generosidad de la naturaleza. Planten algo juntos y hazles ver cómo las semillas que sembraron se les regresan multiplicadas. O cómo la plantita con flores que sembraste sigue creciendo, dándote más y más flores. Háblales de la generosidad del sol, que a todos nos da vida, luz y calor para poder vivir, y lo hace de manera incondicional, sin importar si somos pobres, ricos, buenos o "malos". Hazlos conscientes de la bondad del aire, que nos proporciona abundancia de oxígeno disponible para todos; de la generosidad del mar, etcétera.

Otro recurso útil para enseñar a los niños a compartir es que les ayudes a ser conscientes de que cuando dan o prestan algo, la persona que lo recibe goza, se pone contenta, lo disfruta, o hasta satisface una necesidad o resuelve un problema. A los niños les gusta mucho ser los causantes de que alguien se ponga feliz. Hazle ver qué contento se puso su hermano o su amigo cuando le prestó el juguete; cómo está disfrutando su abuelita el pedazo de pastel que compartió con ella; qué feliz te pusiste tú cuando te prestó su lápiz o te dio algunas de las palomitas de maíz que estaba comiendo. Los niños sienten una gran satisfacción y gozo al ver que el otro se alegra por lo que hicieron, le prestaron o le dieron.

Finalmente, como siempre digo, la mejor manera de enseñar a los niños algo, es que los padres SEAN eso que quieren enseñar. No basta con hablar de ello, hay que SER. Así, si tus niños ven que le ofreces a tu pareja un bocado de tu platillo porque está tan delicioso que quieres que lo disfrute contigo; si compartes con otros y con ellos tu dinero, tu comida y en general las cosas que te gustan en la vida, sin lugar a dudas tus hijos aprenderán a compartir. Pero sobre todo hazlo con gusto.

Quiero hacer hincapié en esto de dar con gusto, porque lamentablemente muchas madres y padres no lo hacen así. Lo que dan a sus hijos (o a otras personas), ya sea dinero, cuidados, comida o cualquier otra acción o cosa de tantas que les damos, viene acompañado de malas caras, reclamos y quejas. Será imposible que nuestros hijos aprendan a compartir y hacerlo con gusto, si los padres tenemos esa actitud al hacerlo.

Dar y compartir "por obligación" o por "quedar bien" no sirve para nada; no echa a andar en lo absoluto las fuerzas de la prosperidad, y mucho menos servirá para enseñar a tus hijos esa sublime cualidad. Que vean que cuando das lo haces con agrado, porque de esa manera les estás enseñando que compartir no es una obligación ni un precepto de la "buena educación", sino una necesidad del alma, un verdadero placer proveniente de nuestra naturaleza superior, que desea que otros también experimenten el gozo que a ti te proporciona lo que tienes.

45

¿Cómo enseñar valores a tus hijos?

El tema de los valores está de moda. En todos lados escuchamos hablar de ellos y numerosas instituciones de todo tipo ofrecen cursos de valores y cosas por el estilo. ¡Qué bueno! Eso es maravilloso y es una gran aportación a la familia y a la sociedad.

Por cuestiones de mi trabajo profesional, viajo a muchas ciudades, y prácticamente en todas encuentro que se están llevando a cabo diversos programas sobre valores (cursos para padres, para maestros, para niños y jóvenes, congresos, etcétera); he revisado con detenimiento algunos de esos programas y me parecen verdaderamente interesantes. Sin embargo, siempre me quedo con la impresión de que a los adultos no nos acaba de quedar claro que los valores se enseñan SIENDO, no HABLANDO de ellos. Que nuestros niños y jóvenes los aprenden de lo que SOMOS, no de lo que DECIMOS.

Con frecuencia encuentro tremendas incongruencias en algunas de esas instituciones —ya sean gubernamentales o privadas— que organizan eventos sobre valores (o más bien dicho, en las personas que las dirigen), tales como incumplir acuerdos y compromisos hechos conmigo y otros profesionales, o llegar tardísimo al "evento de valores" haciendo esperar a todos los asistentes. ¿Qué no se dan cuenta de que sus acciones no tienen nada que ver con el valor de la puntualidad, la responsabilidad, la honestidad y la integridad? Cuando les he cuestionado esto, por supuesto se ofenden, tal como hacen todas las personas inmaduras que detestan reconocer sus errores.

Podemos estar seguros de que si nosotros los adultos no SOMOS lo que deseamos enseñar a nuestros niños y jóvenes, ellos no lo aprenderán. Los resultados de todos esos programas sobre valores que con tanto esfuerzo (y a veces alto presupuesto) se llevan a cabo, serán niños y jóvenes con mucha información, pero sin valores.

Constantemente, tus hijos están captando, en diversos niveles de conciencia, lo que haces y dices: si regresas el cambio que te dieron de más o te lo quedas; si dices la verdad o mientes; si cuando cometes un error lo aceptas y pides perdón o inventas excusas para justificarte o para culpar a otro; si cumples lo que dices, etcétera.

También es muy importante que comprendamos lo que es un valor en su más amplio y profundo significado. Es mucho más que una creencia o una preferencia; es una fuerza interna que nos conduce y nos mueve a actuar y a ser. Con frecuencia suponemos que tenemos un determinado valor y en realidad no es tal, sino sólo una creencia. Para que un valor sea eso, es necesario que cumpla con ciertas condiciones:

La persona es congruente con ese valor en lo que hace, dice, piensa y siente, y lo sostiene y afirma tanto en privado como en público, en lugar de modificarlo según las circunstancias o las personas con las que interactúa. Asimismo, la persona ha elegido ese valor de manera consciente y por propia voluntad y no porque alguien le dijo o enseñó que hay que ser así para que no nos lleven a la cárcel o al infierno.

Y aun cuando tenga varias alternativas, la persona elige la que es congruente con el valor que ella tiene. Veamos un ejemplo: alguien que tiene el valor de la honestidad se encuentra una cartera con los datos del propietario bien claros en la tarjeta de identificación. Tal vez por un momento se le ocurra quedarse con ella porque quizá necesita el dinero, pero su honestidad prevalece y decide regresarla.

Otra característica de un valor es que se aplica a uno mismo, de forma tal que si la persona es honesta, justa, comprometida, solidaria o fiel con otros, también es honesta, justa, comprometida, solidaria y fiel consigo misma.

Yo insisto y enfatizo: no te preocupes por enseñar valores a tus hijos ni por darles sermones sobre ellos; sólo ocúpate de SER realmente auténtico y congruente con tus propios valores, y ten por seguro que tus hijos también los tendrán.

46

¿Qué relación hay entre la economía mundial y la miseria humana?

Estoy aquí… fantaseando…

Me pregunto: ¿qué pasaría si de un día para otro todas las mujeres nos aceptáramos tal como somos? Los cirujanos plásticos se morirían de hambre, las compañías de cosméticos y ropa tendrían pérdidas millonarias, así como los *spa* que prometen reafirmarnos la piel y desvanecernos las arrugas en unas cuantas horas.

Qué claro me queda por qué existe una tremenda presión social sobre las mujeres, para convencernos de que envejecer es una tragedia y de que debemos poseer ciertas condiciones físicas para ser valiosas, merecedoras y dignas de ser amadas. Qué claro veo que la economía mundial necesita que las mujeres despreciemos o hasta odiemos nuestros cuerpos.

También me pregunto qué pasaría si todos entendiéramos que estamos tan bien hechos, que nuestro cuerpo tiene la capacidad de producir "drogas naturales". Esto sucede cada vez que llevamos a cabo actividades tan gratas como lo son todas aquellas en las cuales ponemos en práctica nuestros talentos, así como cualquiera de las facetas del arte; también al hacer ejercicio, bailar, reírnos, orar y meditar. Todo ello nos genera estados de euforia y placer, porque hace que nuestro cerebro produzca sustancias como las endorfinas y aumente la producción de dopamina y serotonina, todas ellas promotoras de estados extremadamente placenteros.

Seguramente la industria vinícola se iría a la bancarrota y la del narcotráfico también, así como los numerosos seres corruptos que obtienen ganancias multimillonarias provenientes de estas "industrias", las cuales necesitan que todos creamos que la vida es mejor y se disfruta más si consumimos alcohol o drogas.

¿Y qué ocurriría si todos pudiéramos ver lo valiosos que somos, para no necesitar marcas que nos hagan creer que si las usamos somos mejores, valemos más y somos superiores que quienes no las usan? Sin duda alguna, si todos nos convenciéramos de lo valiosos que somos, se afectaría profundamente la economía mundial.

También fantaseo que si todos aprendiéramos a alimentarnos correctamente, a cuidar nuestro cuerpo y conectarlo con la fuerza espiritual que lo mantiene sano y fuerte, la industria farmacéutica y todos los que generan muchos millones gracias a la enfermedad, también se verían fuertemente afectados.

Esta "fantasía" me causa un ácido y silencioso dolor, al darme cuenta de que una gran parte de la economía mundial está basada en la miseria humana. Esto crea una poderosa y oscura fuerza que no nos deja sanar ni ser felices, que nos impide crecer y saber, porque esta enorme porción de la economía mundial nos necesita ignorantes, enfermos del cuerpo y del alma, infelices, muertos de hambre espiritual y desconectados de nuestra esencia, para que no podamos recordar que somos chispa divina, espíritu dotado de un gran poder, y sigamos intentando satisfacer nuestra hambre y sed con lo que nunca las sacia, pero genera muchos millones.

¿Cómo sería la vida si algún día la economía mundial se basara en el bienestar de todos y por lo tanto nos necesitara sanos, felices, abundantes y poderosos? ¿Llegará el día en que esto suceda?

¡Qué sé yo!... Yo sólo estoy aquí... fantaseando...

47

¿Los niños sufren?

En cierta ocasión, una señora me comentó que su niña de seis años le había platicado llorando que estaba muy triste porque su mejor amiga del colegio se había enojado y no quería jugar con ella en el recreo, a lo que la madre respondió: "Ay, hija, eso no es importante, no te preocupes; hay cosas más importantes en la vida". Acto seguido, dicha señora continuó contándome otros asuntos de su vida que la tenían preocupada y deprimida.

Yo creo de verdad que "espejear" a alguien es una excelente herramienta para que comprenda lo que otros sienten. Así que "espejeé" a dicha señora y le respondí exactamente como ella le contestó a su niña: "Ay, eso no es importante, no te preocupes; hay cosas más importantes en la vida". Entendió de inmediato que al haberle respondido eso a su hijita, la hizo sentir exactamente como ella se sintió con mi comentario: incomprendida, ofendida, minimizada.

Independientemente de que yo atendiera luego las preguntas que esa señora me hizo, era importante que se diera cuenta de que ella, como muchísimas personas que con frecuencia escucho, necesita entender que los dolores y los problemas de los niños son muy importantes para ellos, aunque los adultos los consideremos insignificantes y tontos.

Es muy común esa incomprensión y falta de respeto hacia el sufrimiento de un niño. Cuando vive la experiencia de la muerte de su mascota, algunos padres, en lugar de apoyarlo para procesar su duelo, se molestan con él porque llora. Recuerdo a unos padres que regañaban a su hijo de nueve años que lloraba desconsolado cuando se le murió su conejito, diciéndole que no exagerara, que apenas tenía tres semanas con él y ni se había encariñado tanto, y que si seguía haciendo tanto drama cometería un pecado, porque llorarle a un animal lo era, cuando en el mundo había tantas personas con problemas verdaderamente graves.

Esto es verdad, siempre habrá en el mundo alguien con tragedias mayores que las que cada uno estamos pasando; pero los sufrimientos no deben ser comparados. La "tragedia personal" (y no se diga la de un niño) es tan grande y devastadora para quien la sufre, como la peor.

"No rías nunca de las lágrimas de un niño. Todos los dolores son iguales", expresó el poeta Charles van Lerberghe. Cuando un niño nos cuenta sus sufrimientos, debemos escucharlo sin juicios, abrazarlo, consolarlo, decirle que lo comprendemos, que entendemos cómo se siente y lo difícil que estará siendo para él tal situación, y que aquí estamos para escucharlo y apoyarlo. Luego, si lo vemos necesario, podrán venir los consejos y las recomendaciones, que al parecer los padres no estamos tranquilos si no los damos. Y está bien, pero primero el respeto, la empatía y el apoyo.

En algunas ocasiones será necesario buscar ayuda profesional, porque el conflicto emocional que el niño está experimentando así lo requiere. La terapia infantil le ayudará a procesar sus sentimientos y superar la situación.

Con gran frecuencia, muchos padres me comentan cosas como: "Mi hijo tiene un año con terrores nocturnos", "Mi hija tiene una tremenda fobia a las arañas", "Desde la muerte de su abuelito, mi hijo no quiere jugar", y una interminable lista de problemáticas infantiles. Mi cuestionamiento hacia esos padres es: "¿Y por qué no lo curan? ¿Por qué no lo han llevado a terapia para que le ayuden a solucionar esto?"

La verdad, me frustra profundamente esta pasividad de muchos padres para atender los asuntos y heridas emocionales de sus hijos. Si su hijo se fractura un brazo o sufre una herida, de inmediato lo atienden; no lo dejan con el brazo fracturado o la herida abierta y sangrante, sino que lo llevan al médico o al hospital para que lo curen. Pero con las fracturas y heridas emocionales lo dejan meses, años o toda la vida sin ser atendido. En mi opinión, una de las razones por las que hacen esto es que no quieren enfrentar las realidades —con frecuencia desagradables— que surgen claras y directas en el proceso de terapia y que posiblemente los harán sentir culpables, avergonzados o preocupados. Así, pues, por pura comodidad y cobardía, se deja a los hijos sin ser atendidos en todas aquellas situaciones emocionales que por su importancia requieren ayuda profesional… ¡Reflexionemos!

48

¿Cómo enseñar a tus hijos la gratitud?

Me impresiona y me entristece sobremanera cómo tantas personas, de todas las edades, están enfermas de ingratitud.

La gratitud es una apreciación, una alabanza... Todo en la naturaleza la expresa al ser lo que es: los pájaros cantando mañana y tarde, el sol brillando, el mar y el río fluyendo, los árboles y las plantas creciendo, floreciendo y dando frutos. Sólo el ser humano se olvida de expresarla. No sólo me refiero a la gratitud por estar vivos y tener todo lo que tenemos, sino a la acción de agradecer a las personas que nos atienden, nos ayudan, nos regalan, nos aconsejan, nos apoyan, nos dan el paso, etcétera.

¿Por qué es importante la gratitud? En primer lugar, porque se siente bien. Date cuenta del bienestar físico, emocional, mental y espiritual que experimentas cuando agradeces algo. En segundo lugar, porque la gratitud no es sólo un lindo y deseable valor relacionado con la buena educación, sino que es también una poderosa fuerza que abre puertas y caminos. Cada vez que agradeces, creas un camino para que por ahí venga más de lo mismo. Cada vez que agradeces, pones una gran cantidad de poderosa energía en eso que estás apreciando y "notando", y aquello en donde pones tu atención, crece y se multiplica.

Te des cuenta de ello o no, eso sucede cuando agradeces. Pero también cuando la gratitud viene en dirección contraria; es decir, cuando es a ti a quien agradecen, se pueden experimentar de manera clara los hermosos efectos de esta poderosa fuerza sanadora y armonizadora. Date cuenta cómo, cuando te agradecen, quieres seguir dando, seguir haciendo, seguir apoyando.

¿Cómo enseñar a tus hijos la gratitud? Es muy fácil: ¡agradeciendo! Es decir, que te vean y oigan agradeciendo y que a ellos les agradezcas también. Con frecuencia encuentro cierta resistencia de parte de muchos padres, cuando sugiero que digan cosas como: "Gracias, hijo, porque tendiste tu cama, o recogiste tus platos o tu ropa". La reacción de esos padres ante mi sugerencia es: "¡Pero si es su obligación! ¡Es lo que le toca hacer en casa!" Y mi respuesta es: "Tu obligación es mantenerlos, hacerles de comer, etcétera, y sin embargo, esperas y les pides que te agradezcan por ello".

Aunque tu hijo haga cosas que "son su obligación", agradécele. Los padres también debemos dar las gracias a nuestros hijos cada vez que la situación lo requiera, y no suponer que hacerlo nos resta autoridad o fuerza. De ninguna manera es así, sino todo lo contrario. Ellos internalizarán sin lugar a dudas esta hermosa actitud, que como ya dijimos, más que un valor es una fuerza armonizadora que les traerá muchas cosas buenas en la vida.

Asimismo, te recomiendo que la gratitud se vuelva parte de tu estilo de vida. En lo personal, cada que voy en mi coche y llego a mi destino, le doy las gracias por su servicio. Cuando desecho el frasco vacío de algo, le doy las gracias por el servicio que me dio; cuando me deshago de ropa o cosas, les agradezco también por todo lo que me dieron, y no se diga a las personas que trabajan para mí, a quienes les digo que agradezco y aprecio muchísimo cómo hacen mi vida más fácil. También le agradezco al mar, al aire, a mi cuerpo por responderme tan bien para hacer todo lo que hago en la vida… absolutamente a TODO le doy las gracias. Si tus hijos ven en ti esa actitud, ten por seguro que también la desarrollarán.

La apreciación y la gratitud se sienten extremadamente bien, pero además de eso, echan a andar en nuestra vida la "Ley del Incremento". Su nombre la define: lo que agradeces y aprecias, regresa multiplicado.

Como frecuentemente digo: no me creas nada, experiméntalo.

49

¿Cómo ayudar a tus hijos a descubrir su vocación?

Todos venimos a la vida a realizar algo, a cumplir una función; a eso lo llamamos vocación, misión o propósito de la vida. La de cada uno es igualmente importante. Venimos equipados con la "caja de herramientas" necesaria para llevarla a cabo: el tipo de cuerpo, el tipo de voz, los procesos de pensamiento, el temperamento, las habilidades, la carga genética, los talentos e intereses adecuados y necesarios para realizar dicha vocación. De hecho, cuando somos niños sabemos cuál es, jugamos a eso y soñamos con eso.

Hace unos días, una preocupada madre me comentó que su hijo adolescente estaba completamente "perdido" respecto a la elección de su carrera. En la escuela ya les habían dado apoyo en orientación vocacional e incluso lo había llevado a una consulta particular con un experto en el tema, pero su hijo seguía "perdido".

Hace algunos años trabajé mucho en el área de orientación vocacional y siempre me sorprendió descubrir con tristeza que una gran cantidad de jóvenes no tienen la menor idea de qué es lo que quieren hacer en la vida o se encuentran muy confundidos entre diversas opciones. Esto se debe a ciertos factores que es necesario revisar y tener en cuenta, para que podamos ayudar a nuestros hijos a descubrir su vocación.

Un factor que confunde mucho a los jóvenes y los desconecta de esa claridad que tenían cuando niños respecto a su vocación, son los miedos y los prejuicios de los adultos que los rodean —especialmente los padres—, que se reflejan en expresar su desacuerdo o descalificación respecto a la actividad que a su hijo le atrae.

Entiendo la preocupación de los padres: todos deseamos que nuestros hijos sean exitosos, y sobre todo que se sientan felices con su profesión u ocupación y que ésta les proporcione satisfacción, autorrealización y seguridad económica. No obstante, la manera en que intentamos lograr estos propósitos para ellos no es la adecuada. Ésta generalmente consiste en criticarlos cuando sus intereses no concuerdan con los nuestros y descalificar sus elecciones de mil formas, incluso "amenazándolos" con que, si estudian y se dedican a "eso", van a fracasar y "se van a morir de hambre".

En realidad, es mucho más probable que fracasen, con todo lo que esto significa, si estudian y se dedican a lo que no les satisface.

Hace poco platiqué con unos padres cuyo hijo de 16 años es un pianista impresionante, e incluso comienza a componer música que ha sido alabada por sus maestros y hasta por el director de una orquesta sinfónica, quien está interesado en que en cuanto cumpla 18 años se integre a su orquesta. Aunque parezca increíble, los padres están preocupados y tienen miedo de que su hijo fracase: "Es que por lo general los músicos se mueren de hambre. La carrera de música exige muchísimo esfuerzo y no se paga bien". Me dieron ganas de confrontarlos con más vehemencia de la que lo hice, porque les respondí: "¡Por Dios, señores! Cómo es posible que tengan miedo de que su hijo fracase, ¡si ya está triunfando! Y si en el futuro no tiene dinero, pues ustedes le dan un taco, ¡porque cuando su hijo toca el piano ve a Dios! ¡Déjenlo en paz que siga adelante con su carrera, en lugar de estarlo agobiando con sus absurdas y tontas preocupaciones!", les dije con la intensidad que me surge en automático cuando veo cosas tan, pero tan sin sentido como ésta.

De veras que a veces los padres no nos medimos en nuestras ridículas preocupaciones que agobian a nuestros hijos y no los dejan vivir en paz.

Cuando alguien está haciendo algo congruente con su vocación, lo hace bien; por lo tanto, el éxito, el reconocimiento y el dinero vendrán por añadidura. Y si no, de todas maneras será uno de los pocos seres humanos realmente felices, porque adoran lo que hacen, y cuando lo hacen —como dije refiriéndome al joven pianista— "ven a Dios".

Para ayudar a nuestros hijos a encontrar su vocación es necesario que dejemos de emitir juicios absurdos sobre las diversas actividades y profesiones en la vida. En lugar de eso apoyémoslos para que puedan responderse a sí mismos las siguientes preguntas:

- ¿Qué actividad, cuando la haces, se te da fácilmente, la haces bien y te sientes muy contento mientras la llevas a cabo?
- ¿Cuáles eran tus juegos favoritos cuando eras niño?

En la respuesta a estas simples preguntas se encierra la clave para descubrir su vocación. Cuando estamos realizándola, lo hacemos con pasión, perdemos el sentido del tiempo, se nos quita el hambre y el sueño y nos sentimos altamente satisfechos, motivados y felices.

La vocación o misión de cada uno de nuestros hijos es un acuerdo entre su alma y un Poder Superior, comoquiera que lo llamemos... ¿con qué derecho queremos los padres entrometernos y cambiarla?

50

¿Por qué mienten los niños?

Aun cuando este comportamiento es relativamente normal en los niños, siempre preocupa y molesta a los padres y los maestros. Por eso es muy importante comprender cuáles son las razones por las que lo hacen y las maneras adecuadas de reaccionar ante ello y manejarlo.

Comencemos por mencionar que todos los niños mienten alguna vez, que existen varias razones por las que lo hacen y que esta conducta tiene un significado distinto según la edad.

Los niños menores de cuatro o cinco años mienten con mucha frecuencia, pero aún no entienden del todo que mentir no está bien. Lo hacen para lograr algo que quieren o para evitar ser sancionados o regañados por lo que hicieron. Cuando los padres los descubren en alguna mentira, deben hacerles ver, con tranquilidad y sin enojo, que mentir no está bien, que hace que les pierdan la confianza y que es importante decir la verdad.

Los niños de seis años en adelante también dicen mentiras, por supuesto, aunque ellos ya tienen conciencia de que hacerlo no es bueno. Las razones por las que mienten son variadas: una de ellas es que quieren impresionar a otros, lo cual les hace sentir importantes y valiosos. Otras son las mismas que en el caso de los niños pequeños: para evitar un castigo por algo que hicieron o para conseguir algo que desean. También es posible que nos mientan para recibir nuestra aprobación y reconocimiento, o dicho de otra forma, "para quedar bien", ya que saben perfectamente lo que nos gusta oír. En otras ocasiones, mienten porque nos han perdido la confianza y tienen miedo de decirnos una verdad que no nos va a gustar, porque saben que las consecuencias serán muy desagradables.

Y quizá la razón más importante por la que un niño miente es justamente porque sus padres lo hacen. En la medida en que los padres mientan, los niños también lo harán. A veces los padres somos tan ingenuos, que suponemos que nuestros hijos no se dan cuenta de nuestras mentiras, pero sí que las descubren y entonces aprenden a hacerlo también, exactamente con los mismo objetivos que los padres lo hacen: salvarse de un problema, quedar bien, o simplemente porque les parece que la mentira se oye mejor que la verdad.

¿Qué hacer cuando un niño dice mentiras? En primer lugar, revisar nuestra propia tendencia a mentir y entender que la mejor enseñanza es el ejemplo. También hay que hacerles ver que mentir hace que la gente nos pierda la confianza y nos produce ansiedad, puesto que se gasta mucha energía en elaborar la cadena de mentiras que tendremos que seguir inventando para sostener y tapar la que ya dijimos, y asimismo, que mentir generalmente trae consecuencias negativas y problemas mayores.

Es importante también que los padres les inspiren confianza a sus hijos para que, cuando cometan un error o hagan algo inadecuado, se atrevan a decirles la verdad. Hay que halagarle y reconocerle su honestidad a un niño cada vez que la muestre, y cuando mienta para conseguir algo, es fundamental que no lo obtenga, porque entonces se beneficiará por haber mentido y de ninguna manera debemos permitir eso. De igual forma, no hay que humillarlo o avergonzarlo cuando descubrimos que miente, sino decirle que no nos gusta esa conducta y no la vamos a permitir.

Cuando un niño miente demasiado, es útil recibir ayuda profesional, para explorar las razones de fondo por las que lo hace y encontrar soluciones sanas al respecto. Casos como éstos pueden ser el indicio de una patología que, si no la atendemos a tiempo, podría empeorar con los años.

Y a fin de cuentas, enseña a tus hijos esta innegable verdad: siempre que mentimos nos sentimos incómodos. Mentir es una fuente segura de estrés, angustia y vergüenza interior por ser unos mentirosos (ayúdalos a tomar conciencia de que así se sienten cuando mienten). La verdad, en cambio, nos relaja, eleva nuestro autoconcepto y nos proporciona una maravillosa sensación de libertad interior. No en vano fue dicha aquella poderosa sentencia: "La verdad os hará libres".

51

¿Cómo ayudar al hermano mayor a superar el duelo por el hermano menor?

Cuando en la familia nace un nuevo bebé, es común que el hermano mayor sienta celos. Las manifestaciones que éstos toman varían en gran medida y grado; a veces se trata sólo de una ligera reacción, pero en otras ocasiones llegan hasta tal punto que hay que observar de cerca al hijo mayor, porque puede agredir al bebé.

Los sentimientos del hermano mayor son totalmente comprensibles, ya que de la noche a la mañana aparece un intruso que le roba la atención y los brazos de mamá y papá, sobre los cuales antes tenía exclusividad.

A veces, en el proceso de duelo del hijo mayor se presentan regresiones, es decir, retrocede a etapas que ya había logrado superar; por ejemplo, se vuelve a orinar en los pantalones, comienza a chuparse el dedo, habla "chiqueado", quiere que se le dé biberón, etcétera.

Aunque todas esas reacciones son normales, es muy importante que los padres lo manejen de manera adecuada, ya que de no hacerlo pueden reforzar esa conducta, alargar el periodo que dura y complicar las cosas para ambos hijos, o incluso para toda la familia. Cuando estos duelos son mal manejados, los celos pueden durar muchos años y se convierten en una rivalidad fuerte entre los hermanos, que a veces los acompaña durante toda la vida.

Muchos adultos nunca superaron ese duelo del hermano menor y siguen atorados en esa etapa, rivalizando fuertemente entre sí.

Algunos padres acostumbran comprar un regalo para el hermano mayor desde antes de que nazca el bebé, y cuando éste llega se lo dan en su nombre, diciéndole que su hermanito lo trajo consigo, para él. Eso está muy bien; no obstante, a continuación añadiré algunas otras recomendaciones que pueden ser útiles a los padres que viven esta experiencia.

La idea básica es hacer cosas que hagan sentir "incluido" al hijo mayor, ya que tiende a sentirse "excluido", puesto que hay muchísima atención dirigida hacia el bebé, no sólo por parte de los padres, sino de los amigos de éstos y del resto de la constelación familiar. De acuerdo con la edad y las posibilidades del hijo mayor, hay que pedirle que nos ayude o que se encargue él mismo de cosas como preparar el biberón (o por lo menos agitarlo), ponerle el talco al bebé cuando se le cambia el pañal, ayudar a bañarlo y vestirlo, etcétera. También hay que decirle cosas como: "Mira cómo te ve tu hermanito, le gusta mucho verte", "Cuando te acercaste a él dejó de llorar", etcétera, aprovechando cada circunstancia que se preste para hacerle comentarios de este tipo al hijo mayor, de manera que sienta que su hermanito lo quiere, le gusta que se le acerque, etcétera.

Otra cosa que ayudará muchísimo es que los padres, según su tiempo y posibilidades, dediquen ciertas horas cada día, cada dos, o por lo menos una vez por semana, a estar solos con el hijo mayor (mientras más frecuencia, mejor). Y hay que informárselo explícitamente, diciéndole algo como: "Todos los jueves en la tarde tú y yo nos vamos a ir solos a pasear a donde tú quieras. El bebé no va a ir, porque quiero estar contigo nada más, como antes de que naciera el bebé". Sobra decir la importancia de cumplir lo prometido y darle el cien por ciento de su atención durante ese tiempo. El hijo mayor sentirá que tiene ese espacio sólo para él, con mamá, papá o ambos, y no tiene que compartirlos con nadie más.

Finalmente, recordemos decirle al hijo mayor palabras amorosas, abrazarlo y reconocerle todo lo bueno que hace. Con todos estos sencillos manejos por parte de los padres, sin duda transitará por esa etapa, la superará y podrá disfrutar de la dichosa bendición que es tener un hermano.

52

¿Cuál es el lado positivo de nuestras "imperfecciones"?

Francisco de Asís llamaba "benditas imperfecciones" a los defectos que todos tenemos. Benditas porque nos ayudan a crecer y a aprender, y algunas hasta son las causantes de que logremos ciertas cosas importantes en la vida.

Un amigo muy querido es el ser más terco que hay sobre la tierra. Su terquedad a veces me vuelve loca, y también a su familia. Hace tres años descubrió un importante problema en una empresa, que afectaba a miles de personas en Canadá, el país donde vive. Habló con los directivos encargados del asunto, no hicieron caso; se puso a recaudar evidencia, mandó muchos correos electrónicos a las instancias gubernamentales correspondientes, pero tampoco hicieron caso. Tuvo decenas de juntas con ciertas autoridades del gobierno, hizo contacto con los medios de comunicación, movió cielo, mar y tierra durante tres años, hasta que el problema fue sacado a la luz y solucionado. Su bendita terquedad lo ayudó a pasar por todo este proceso muy desgastante y complicado; sin ella, de seguro se hubiera "quebrado" a la mitad del camino.

En una entrevista, Mahatma Gandhi se describió a sí mismo como alguien muy avaro. Gracias a su avaricia, nunca se conformó con los ofrecimientos que el gobierno británico proponía en sus negociaciones durante la época en que tenía el dominio sobre la India. La "avaricia" de Gandhi lo llevó a pedir más y más y más, hasta que logró que los británicos aceptaran todas sus condiciones y requerimientos, logrando a fin de cuentas la total independencia de su país.

En una biografía de Nicolás Copérnico, leí que desde niño éste fue en extremo desconfiado. Desconfiaba de todo y de todos, lo cual volvía loca a su mamá, ya que cada cosa que le decía (aun la más insignificante) la cuestionaba y desmenuzaba hasta que quedaba convencido, o no. Gracias a ello, también desconfió de las teorías que en su tiempo eran plenamente aceptadas por los astrónomos más eminentes, en relación con el modelo "geocéntrico" que afirmaba que la Tierra era el centro de nuestro sistema planetario. Copérnico estableció que en realidad el Sol es el centro de nuestro sistema solar, formulando así su teoría "heliocéntrica", que es considerada una de las más importantes en la historia de la astronomía, y el parteaguas para muchísimas otras investigaciones y descubrimientos que le siguieron.

Yo soy obsesiva, a veces no me aguanto ni yo misma. Mi obsesividad me ha servido mucho en la vida, para ser formal, puntual y responsable y para realizar mis sueños, porque para lograrlos he tenido que luchar duro y encontrar agua en un río seco y llaves para puertas cerradas a piedra y lodo… y gracias a mi obsesividad, las he encontrado. También me ha sido muy útil en mi profesión, tanto para escribir libros como para dictar cursos y conferencias, ya que me da la capacidad de organizar ideas, esquematizarlas y describirlas de manera muy clara y comprensible. Muchos colegas —algunos que conozco personalmente y otros que me han escrito después de ir a una de mis conferencias o haber leído uno de mis libros— me han dicho que tengo una gran capacidad de explicar conceptos muy complejos, en palabras muy simples y organizadas. Y eso se lo debo a mi obsesividad.

¡Benditas sean nuestras imperfecciones!

53

¿Qué es el sufrimiento?

Voy a comenzar presentando algunas hermosas frases sobre las cuales desarrollaré este apartado:

"El sufrimiento es la resistencia a aceptar la realidad." Larrañaga.

"El sufrimiento es la tensión existente entre lo que de hecho es y lo que creemos que debe ser." Viktor Frankl.

"Ante el sufrimiento tenemos dos alternativas: crecer o amargarnos." Viktor Frankl.

"Si no quieres sufrir, no esperes nada, no desees nada, no necesites nada." Buda.

Puede parecer una ofensa de mi parte comentar estos rayos de sabiduría en los que ya está dicho todo. Con sólo leerlos, cambia de inmediato la perspectiva que tenemos de nuestras "cosas dolorosas" y entendemos en profundidad por qué nos parecen así.

No obstante, me voy a conceder el derecho que me da ser la autora de este libro, para agregar algunas ideas respecto a esta vivencia que llamamos sufrimiento y que pareciera acompañar a tanta gente en su día a día.

En gran medida, el sufrimiento es producto de la mente. Quienes se han dedicado a estudiarlo proponen que el 90 por ciento de éste es materia subjetiva, y por lo tanto está en nuestras manos neutralizarlo o transformarlo.

Esto quiere decir que es el significado que le damos a la experiencia, y no la experiencia misma, lo que nos hace sufrir. Por ejemplo, una mujer puede darle a la experiencia de no tener pareja un horrendo significado: una mujer sin pareja vale menos, la sociedad no ve bien a una mujer sin pareja, sólo con una pareja se puede ser feliz, etcétera. Son esos significados los que la hacen sufrir, de manera que si los transforma, también cambiarán sus emociones y creencias al respecto.

Aun una experiencia tan devastadora como la de perder a un ser querido será más llevadera si quien la vive le da un significado que la pueda suavizar. Vemos que quienes pasan por esto dicen cosas como: "Dios se lo llevó para que le ayude a cumplir tal misión; le sirve más en el cielo que acá en la tierra", "Ya cumplió con la misión que le tocaba en la tierra y ya no tenía nada que hacer aquí", "Ahora es un angelito que me cuida a dondequiera que voy", "Dios se lo llevó para poner a prueba mi fe y confianza en él", etcétera. No digo que estos significados no sean verdad, lo serán o no, qué sé yo. Lo que quiero destacar aquí es el hecho de que el dárselos suaviza un poco el aniquilante dolor, al cambiar la percepción de la experiencia.

Asociando estas ideas con las grandes verdades que mencioné al inicio de este apartado, comprendemos cómo el sufrimiento tiene que ver con la no aceptación de la realidad, con aferrarnos a que debería ser diferente, en lugar de abrirle los brazos a la experiencia que nos está tocando vivir. Abrirle los brazos y aceptar vivirla no implica conformarnos y no hacer nada por lograr lo que deseamos o por superar la situación; por el contrario, significa ACEPTAR lo que no podemos cambiar.

He comprobado una y mil veces, cuando he tenido que pasar por experiencias muy difíciles, que mientras más me resisto a vivirlas, más dolorosas y pesadas se vuelven. En esas etapas difíciles de mi vida he aprendido a quedarme quieta y expresar con todo mi ser: "Acepto vivir esta experiencia. Le abro los brazos, la honro, la bendigo y decido creer que me está sucediendo para algo bueno, para mi Bien Mayor". He invitado a muchas personas con quienes he trabajado a hacer este acto de "rendición", que no es de derrota, sino, insisto, de aceptación. De inmediato la percepción de la experiencia cambia, la fortaleza interior se renueva, la pesada carga se aligera, y entonces la experiencia puede cumplir su función, que es llevarnos a aprender algo, a volvernos más luminosos y sabios.

Cuando pasamos por algo muy duro de sobrellevar, cuando sufrimos, tenemos dos alternativas, como Viktor Frankl propone: crecer o amargarnos. Con todo lo dicho hasta aquí, esta sabia verdad cobra sentido y no necesita ninguna explicación.

Voy a terminar presentando la hermosa "oración de la serenidad", que no pertenece a ninguna religión o corriente filosófica y que desde mi punto de vista es la expresión más sublime de esta aceptación y rendición a la experiencia:

> *Dios, concédeme:*
> *serenidad para aceptar las cosas que no puedo cambiar,*
> *valor para cambiar aquellas que sí puedo,*
> *y sabiduría para conocer la diferencia.*

54

¿Qué es la "geografía de la familia"?

En la terapia familiar sistémica éste es un aspecto muy conocido, valorado y tomado en cuenta en el proceso de atender a una familia. Los profesionales entrenados en esta corriente terapéutica tomamos muy en cuenta la geografía de la familia tanto para la evaluación y el diagnóstico como para el plan de acción terapéutico que manejaremos con ella, ya que si bien no lo es todo, sí es un elemento muy importante del mismo.

De manera muy simple, podríamos definir la geografía de la familia como el lugar físico que cada uno de sus integrantes ocupa en los espacios y situaciones donde están juntos; por ejemplo: en el comedor a la hora de tomar los alimentos, en la sala de televisión y en el automóvil. Esta "distribución", por así llamarla, por una parte, refleja aspectos tanto conscientes como inconscientes de la situación familiar y, por otra, propicia dinámicas de relación que, aunque la familia por lo general no es consciente de ellas, influyen fuertemente en su comunicación y en todos los aspectos de la relación familiar.

A continuación quiero ofrecerte una perspectiva general y sencilla, pero no por ello menos valiosa, para que tú puedas revisar la geografía de tu familia y generar en ella algunos ajustes que puedan ser útiles. Esto de ninguna manera suple una psicoterapia familiar manejada por un profesional, en la cual se evalúan y atienden los asuntos y problemas familiares de manera profunda e integral, pero sí puede ser una herramienta útil que te permita entender y aun modificar ciertas dinámicas en tu familia.

Te propongo que revises el lugar que cada uno de ustedes ocupa, como ya decía, en los momentos y situaciones en que se encuentran juntos, y te sorprenderá darte cuenta de cosas verdaderamente interesantes. Pondré algunos ejemplos para dejarlo lo más claro posible. Si dos hermanos que tienen rivalidad entre sí se sientan frente a frente en la mesa del comedor, es muy probable que esto refuerce la rivalidad. Sería recomendable sentarlos uno al lado del otro. Los hijos que —de cualquier manera— son distractores o mediadores entre sus padres, por lo general se ubican en medio de ellos; lo recomendable sería que no hubiera ningún hijo en medio de los padres en ninguno de los contextos donde la familia está junta.

Un padre o madre con conflictos con uno de sus hijos, a la hora de la comida tiende a sentarse enfrente o totalmente alejado de él, literalmente al otro extremo (según sea el tipo de problemática). Es conveniente sentarse uno al lado del otro. Así, también, un hijo en la etapa en que la identificación con el modelo masculino —en el caso de los varones— o el modelo femenino —en el de las niñas— es importantísima (entre los tres y cinco años y en la pubertad), debería colocarse al lado de su padre o madre, según sea el caso, en las situaciones donde la familia está junta.

Al modificar la ubicación de las personas se mueven también las dinámicas entre ellas. En el caso de un grupo, la geografía es asimismo un valioso recurso para generar integración y un proceso fluido de relación. Un miembro del grupo que está "en el rincón" —simbólica o literalmente— o de alguna manera fuera del "cuerpo" del grupo, se sentirá desintegrado y aislado y así funcionará en las actividades, los procesos y las dinámicas del conjunto, sea del tipo que fuere.

Aunque parezca tan simple que pueda despertar incredulidad y dudas, este asunto es verdaderamente profundo y tiene que ver con aspectos inconscientes que nos llevan a tomar los lugares físicos que nos sentimos tentados a ocupar, los cuales a su vez se modifican cuando producimos un cambio en dicha ubicación. Al cambiarla se mueve la energía, la percepción, las sensaciones y la relación con el entorno y con los demás. Así, pues, aunque en cualquier grupo (y no se diga en el familiar) nos sentimos impulsados a ocupar un lugar de manera totalmente inconsciente, podemos volverlo una elección consciente y ver con asombro lo que sucede en el nivel de las sensaciones, los sentimientos y las dinámicas de relación.

Éste es, pues, otro de los muchos aspectos de la vida en los que el cambio puede traer interesantes y eficaces resultados.

55

¿Cómo dejar que cada quien cargue con lo suyo?

En incontables ocasiones de mi vida he sido "víctima" de las dudas, los prejuicios y los miedos de otras personas, que me los quieren echar encima. Cada vez que tomo decisiones importantes, me encuentro con ese tipo de reacciones: "¡Te vas a quedar sin trabajo!", "¿No cometerás un error?", "¡Te puedes arrepentir!", "Ahora no es buen momento para eso", "¡Es muy riesgoso!", "¡Mejor piénsalo dos veces!", "¡Te van a robar!", "¡Eso no funciona! Mi hermano fracasó", "¿Y si no te va bien?"

Esto a todos nos sucede. Si vamos a comprar un coche, escuchamos en el proceso mil opiniones respecto a marcas, color, precio, momento del año propicio o no. Si vamos a comprar una casa, hacer un viaje, casarnos, divorciarnos, tener otro bebé, cambiar de trabajo, abrir un negocio, comprar una televisión o lo que sea, todos tienen algo que decir, bueno o malo, recomendable o no, conveniente o inconveniente. Y está bien… todos están en su derecho de opinar.

Sin embargo, es muy importante que nos demos cuenta de que cada una de esas opiniones tiene una fuerte carga emocional y energética, ya sea de miedo, de duda, de envidia, de gusto o de otra índole. También tiene una carga energética mental, compuesta de las imágenes que los comentarios de las personas conllevan y que, lo advirtamos o no, nos hacen crear nuestras imágenes sobre el asunto. Y al final ya no es nuestra propia opinión, decisión, sentimiento o creencia, sino la combinación de todas las de las demás personas.

La influencia que ejercen las cargas energéticas provenientes de otros es inmensa. Muchos no son conscientes de esto y simplemente se sentirán confundidos, temerosos y con la mente nublada sobre el asunto en cuestión. No es conveniente tomar una decisión importante o emprender acciones bajo la influencia de esa contaminación mental y emocional. Nuestras decisiones y acciones deben provenir de nuestra propia guía interior y de nuestra intuición combinada con el análisis de la realidad externa.

Te voy a proponer algunas alternativas para lidiar con esta situación, las cuales te ayudarán a "limpiar" la energía que viene de otros en forma de emociones o imágenes que contaminan las tuyas. Yo las practico todo el tiempo. Las primeras son propuestas por mí, y al final expongo la del doctor Harold Moskovitz, que aunque también es muy sencilla de llevar a cabo, es poderosísima, tanto como las que a continuación veremos.

Se trata de lo siguiente: cuando le estés platicando tus planes o decisiones a alguna persona y ésta comience a lanzarte sus advertencias, recomendaciones, miedos, etcétera, o mejor aún, antes de que empiece a lanzártelas, imagina que pones una pared de luz entre tú y ella, de manera que cada comentario —que como ya dijimos trae una fuerte carga energética— rebote de regreso hacia la persona, puesto que esa energía le pertenece, no es tuya, y la energía reconoce su origen.

A veces también hago lo siguiente, sobre todo cuando se trata de asuntos profesionales y formales, y estoy tratando con alguien a quien no le tengo la confianza que le tendría a un amigo: si estamos sentados ante una mesa, discretamente pongo "algo" en el centro de ésta, lo que tenga a la mano, un plato, una servilleta, un vaso, y en mi mente lo designo como el recipiente de toda la energía (con su carga de miedos, dudas, envidia, etcétera) que proviene de esa persona. Una vez que terminamos y estamos a punto de despedirnos, en un acto consciente e intencional, pero muy discreto, muevo el "recipiente" y lo acerco a la persona, para devolverle su energía, para que se la lleve, porque no es mía.

Cuando estoy con alguien a quien le tengo confianza, de plano le digo: "Ésos son tus miedos y prejuicios, no los míos, así que no me los eches encima".

La siguiente propuesta ha sido planteada por el doctor Harold Moskovitz en su libro *Manual para operar un cuerpo humano*. Yo la he practicado muchas veces en diversas situaciones de mi vida, y en cada ocasión me ha impresionado el poderoso efecto que tiene.

Se trata de lo siguiente: te sientas cómodamente, cierras los ojos, te relajas por unos momentos y luego colocas frente a ti (a dos metros de distancia más o menos) una imagen muy específica de eso que quieres crear en tu vida. Si quieres comprar un coche, por ejemplo, pones la imagen del mismo; si quieres establecer tu negocio, esa imagen pondrás, o cualquier otra situación u objeto que deseas conseguir. La imagen debe ser muy específica: colores, formas, etcétera. Asegúrate de que sea tal como la deseas.

Enseguida te imaginas que pones un tubo en la base de la imagen, y lo entierras muy profundo en la tierra. Luego pintas de cierto color —digamos azul— la energía de otros que haya en esa imagen frente a ti, y la drenas toda por el tubo de contacto con la tierra. Ves cómo toda esa energía azul, que es de otros, se va por el tubo hasta el centro de la tierra.

Luego pinta de otro color —rojo, digamos— la energía tuya que haya en la imagen (tus miedos, dudas, prejuicios, etcétera); drena también esa energía roja por el tubo y mándala hasta el centro de la tierra. Ahora ve la imagen sólo con el contorno, como en los libros para iluminar, y rellénala con una brillante y hermosa luz dorada que bajas del cielo, universo, cosmos o como tú quieras llamarle.

Enseguida mete tu imagen llena de esa luz dorada dentro de un globo de color rosa, y déjala ir, suéltala, envíala al universo para que te la regrese manifestada en el mundo físico.

Te recomiendo mucho que experimentes estas propuestas. Te sorprenderá cómo cambian las cosas cuando tus actos y decisiones provienen sólo de ti... Compruébalo, disfrútalo y... ¡buena suerte!

56

¿Tu hijo es del sexo que no querías?

Esto sucede con mucha frecuencia y es completamente normal. Cuando los padres esperan un hijo, pueden tener preferencia por un sexo en particular, pero a veces la criatura tiene otro destino y otros planes, y resulta que fue del sexo que no deseábamos.

Muy pocas madres y padres reconocen su desilusión cuando esto sucede. La mayoría lo reprime o racionaliza con comentarios como: "Pues lo que importa es que esté sano" o "Que sea la voluntad de Dios", pero en el fondo experimentan esa secreta desilusión, que manda a su hijo el mensaje de: "Debiste ser hombre/mujer". Aun cuando los padres no expresen verbal y directamente este mensaje, el hijo lo recibe, porque los niveles de comunicación sutiles, que van más allá de las palabras, son sumamente poderosos; mucho más que éstas.

El hecho de que un hijo haya nacido del sexo que no deseaban los padres puede ser una causa del rechazo de éstos, y a veces la familia contribuye poderosamente a que así sea. Una joven madre me dijo que sentía que había decepcionado y fallado no sólo a su marido, sino a sus suegros, porque todos ellos deseaban con vehemencia un varón, por aquello de pasar el apellido. Cuando le expliqué a la madre que el hombre es el que define el sexo, sintió un leve alivio, pero continuó triste por no haberles dado gusto a sus suegros y esposo al darles un varón (como si ella, y no el alma de su hija, lo hubiera decidido).

Esta situación es sumamente común, y aunque tanto los padres como los suegros no lo reconocen abiertamente (porque algunos tienen más delicadeza que otros), dentro de todos ellos hay desilusión y hasta una especie de reclamo al hijo/a por ser del sexo "equivocado".

Esto afecta la identidad de nuestros hijos y el hecho de que se acepten como hombres o mujeres. Puede tener repercusiones aún más profundas, pero basta con decir que podemos hacer algo al respecto para evitar que este hecho los dañe. Reprimir, negar o racionalizar nuestros sentimientos no resuelve nada.

Por fortuna hay acciones eficaces que podemos llevar a cabo para amortiguar y, por qué no, deshacer los efectos que este mensaje de "debiste ser hombre/mujer" puede provocar en la vida de nuestros hijos. Éstas las puedes realizar sin importar la edad que tenga el hijo con quien viviste esa situación: puede ser un recién nacido o un adulto de 50 años. Tampoco importa si lo sentiste hace años y ya no, o si todavía lo experimentas. En el nivel en que vamos a trabajar no existe el tiempo y todo está sucediendo aquí y ahora.

Ésta es mi propuesta: escribe una carta para el hijo/a con quien experimentaste ese rechazo o desilusión por ser de sexo diferente al que deseabas. Hago mucho hincapié en que NUNCA se la vas a entregar o a leer. Es sólo para que esa parte de ti que se siente o sintió así pueda expresarse libremente y a salvo.

En la carta le vas a decir a tu hijo todo lo que sentiste o todavía sientes, absolutamente todo, aunque suene muy feo y te cause culpa; si sale, es porque ahí está y es necesario desocuparlo, sacarlo de la oscuridad y llenarlo de luz. Y a fin de cuentas, de todas maneras tu hijo ya lo sabe en un nivel inconsciente y a veces también en el consciente.

Le dirás en la carta, por ejemplo: "Cuando naciste me desilusioné mucho porque eras mujer/hombre; yo quería que fueras niño para enseñarte a pescar y a jugar futbol y que cuando crecieras continuaras con el negocio familiar y con el apellido, o niña para que nos acompañáramos y viajáramos juntas", "Toda la familia se desilusionó y yo me sentí muy mal de haberles falla-do", etcétera. Expresa todo con honestidad; abre tu corazón, y mientras lo haces, permítete llorar o hacer todo lo que te nazca.

He aquí una recomendación sumamente importante que te pido que tomes muy en cuenta porque es lo que producirá el efec-to sanador de este trabajo: independientemente de lo que quie-ras escribir en dicha carta, por favor incluye estas frases:

- Tú no tienes la culpa de que yo (o toda la familia) me haya desilusionado porque fuiste mujer/hombre.
- Está muy bien ser hombre/mujer.
- Tienes TODO MI PERMISO para ser hombre/mujer.

Enseguida, relájate unos momentos, imagina que tu hijo/a está frente a ti; léele la carta y deja que fluyan tus sentimientos mientras lo haces. Te repito que nunca se la vas a entregar o a leer personal y directamente, porque esta comunicación se está dando sólo en el nivel del alma. Luego quema la carta, siendo consciente de que al quemarla estás purificando y transmutan-do esos sentimientos, al tiempo que liberas a tu hijo de sus efec-tos. Una vez que esté completamente quemada, echa las cenizas a una planta o un árbol, porque éstas contienen minerales. Has transmutado algo doloroso en un alimento para un ser vivo.

Hay que honrar el sexo con el que nuestro hijo nació. Ése es su destino. Así corresponde, así debe ser... ¡y así está bien!

57

¿Por qué queremos hijos "perfectos"?

Los padres en general tenemos una enorme necesidad de parecer perfectos ante los ojos de los demás. Muchos, en lugar de reconocer y atender los problemas familiares, los ocultan a costa de lo que sea, para que nadie se entere y aparezcan como "la familia perfecta", "la familia feliz". Con mucha frecuencia también, se sacrifica el amor, la autoestima o el bienestar de los hijos, con tal de que éstos sean vistos como "perfectitos", que a mí en lo personal me preocupan tanto. Sí, en realidad me preocupan los hijos "perfectos", esos que nunca desobedecen o cuestionan las normas aunque sean absurdas y castrantes; los que SIEMPRE sacan dieces, que nunca fallan, y que en pocas palabras son unos héroes.

Me preocupan porque viven bajo una intensa presión por mantener su perfección, porque de ella depende no sólo la autoestima de sus padres y el valor que se conceden a sí mismos. Los hijos "perfectos" dan sentido a la vida de sus padres y al hecho de que permanezcan juntos. A costa de su propia paz mental o salud física, DEBEN seguir siendo héroes y obteniendo un 10 en todas la áreas de la vida.

Los padres de hijos "perfectos" los presumen a diestra y siniestra: sus calificaciones intachables, sus premios, sus grandes virtudes y todas las facetas de su perfección. Aunque en un nivel puede resultar muy gratificante obtener tanto reconocimiento de sus padres, en otro nivel, más profundo, estos hijos viven con una tremenda presión, sabiendo que si fallan causarán una gran desilusión a sus padres. Sienten también que el amor de éstos se debe a que son perfectos, y temen que si dejan de serlo corren el riesgo de perderlo. Los hijos "perfectos" experimentan constantemente un altísimo grado de estrés, y éste siempre es la fuente de somatizaciones físicas y conflictos emocionales que se pueden complicar. Es imposible sostener ese grado de estrés constante sin afectar otras áreas de la existencia.

Esa necesidad de que los demás nos vean como padres perfectos, que educan hijos perfectos, se manifiesta de muchas maneras en la vida cotidiana.

Hace poco una madre me contó que fue a una *boutique* con su hijo de tres años. La empleada de la tienda le preguntó a su niño cómo se llamaba. El niño no estaba de humor, y por más que la empleada preguntaba, él simplemente no contestaba. La mamá comenzó a sentirse avergonzada y preocupada de que la empleada creyera que su hijo era un niño maleducado y que, por lo tanto, ella no era una buena madre. Un par de minutos después, la empleada le regaló al niño una paletita de dulce. La mamá le dijo: "Dile gracias, mijito", pero el niño no dijo una palabra. Cuidando que la empleada no la viera, le daba pequeños pellizcos al niño mientras repetía: "¡Dile gracias, mijito!", pero al chiquillo simple y sencillamente no le daba la gana hacerlo. La preocupación de la madre porque la empleada pensara que era incapaz de educar a su niño como Dios manda, creció a tal punto que mejor se salió de la tienda y se olvidó de las compras.

Ya en el coche, comenzó a regañar "muy feo" —según dijo ella— a su niño por maleducado y feo y mula y… otros adjetivos más desagradables que le expresó con un tono de voz nada dulce. Cuando el niño empezó a llorar, ella se dio cuenta de lo que estaba sucediendo; de que lo que la había alterado tanto era su preocupación de ser vista como una mala mamá que no sabe educar a su hijo. "Martha —me comentó—, ni siquiera conozco a esa mujer, ni tengo aprecio por ella, ni la voy a volver a ver el resto de mi vida… ¿cómo es posible que haya pellizcado, gritado y ofendido a mi hijo porque me estaba haciendo quedar mal frente a ella?"

Seamos conscientes de esto, para que la próxima vez que le llamemos la atención a un hijo o insistamos en que cambie algo, lo hagamos por amor a él, porque es bueno para su vida, y no porque deseamos que sea "perfecto", para nosotros parecer padres "perfectos".

58

¿Por qué y cómo enseñar a tus hijos a honrar a sus antecesores?

Casi a todos nos sucede que en cierta etapa de la vida —por lo general cuando somos jóvenes— no le damos ninguna importancia al tema de nuestros antecesores, nuestro árbol genealógico, nuestras raíces. Nos parecen cuestiones anticuadas y ridículas. En la medida en que vamos madurando y —algunos de nosotros— interesándonos en este asunto de la vida, el deseo de honrar a nuestros antecesores se vuelve importantísimo, porque entendemos su porqué y su para qué.

Todos venimos de una cadena generacional de la cual heredamos no sólo genes y ciertas pertenencias materiales, sino también cargas energéticas, "paquetes de energía", por llamarlo de alguna manera, que están compuestos por algunos patrones insanos, otros sanos y luminosos y algo que hace sagrada la relación entre antecesores y descendientes: la fuerza de amor y vida que se transmite de generación en generación en los niveles del alma. Sólo hasta que comprendamos esta gran verdad, sustentada por la Ley de la Jerarquía, seremos capaces de ver el sentido profundo de ese "Honrarás a tu padre y a tu madre".

La Ley de la Jerarquía le da forma y sustento a todo sistema, el cual no podría ni siquiera existir si no estuviera bajo el influjo de esa ley. Podríamos encontrarle a ésta significados y funciones en absolutamente todas las áreas de la vida; de hecho está presente en todo lo que existe. Sin embargo, en este espacio sólo la abordaré en su relación con el tema que nos ocupa.

La familia es un sistema y como tal debe observar y respetar la ley mencionada, porque cuando esto no sucede, el sistema familiar se desarmoniza, generando en sus miembros desasosiego, ansiedad, enfermedad e infelicidad en diferentes manifestaciones. Observar y respetar la Ley de la Jerarquía significa varias cosas, pero aquí sólo hablaré de la faceta que tiene que ver con honrar a nuestros antecesores. Para lograrlo es necesario verlos con los sabios ojos del alma, porque sólo desde ahí se puede percibir la verdad que nos conduce a honrarlos.

Honrar a nuestros padres y antecesores significa agradecerles con todo nuestro ser por habernos dado la vida y por todo lo que nos han entregado y enseñado. Simplemente eso.

Es muy cierto que hay padres y madres que abusan, que abandonan, que dañan profundamente a sus hijos, y pareciera que no son merecedores de su amor y agradecimiento. Aun así, esos padres deben ser honrados por el simple hecho de haber dado la vida a sus hijos. Honrar no necesariamente implica amar. Implica solamente el reconocimiento y la gratitud por la vida y por todo lo que sí dieron.

Cuando no honramos a nuestros antecesores, cerramos la puerta a ese flujo de amor y vida mencionado anteriormente. Éste es una fuerza que sostiene, asiste y acompaña por la vida, y que sirve para lograr todo, absolutamente todo lo que deseamos lograr. Si un varón no toma la energía masculina proveniente de su padre y sus antecesores varones, difícilmente podrá ser exitoso en todas las áreas de la vida. Si una mujer no toma la energía femenina de su madre y sus antecesoras mujeres, tampoco podrá tener éxito en las diversas áreas de su vida. "Hay poderosas fuerzas del pasado que nos quieren ayudar", dice Alejandro Jodorowsky, y esto no será posible si no honramos a nuestros antecesores. Al hacerlo estamos honrando a la vida misma, porque ellos son sus representantes, son la vida misma que nos engendró y dio a luz.

Enseña a tus hijos a honrar a sus antecesores. Éstas son algunas formas:

- Ellos necesitan ver que tú lo haces con los tuyos. Cuando los hijos escuchan a sus padres burlarse, descalificar, criticar constantemente a sus propios padres, ellos también crearán un mal concepto de sus abuelos y aprenderán esa actitud. Aun cuando tengas resentimientos y problemas con tus padres, aprecia todo lo bueno que tienen y te han dado (empezando con la vida) y háblales a tus hijos de ello.
- Explícales lo que te he comentado en este apartado acerca de por qué es importante y hermoso honrar a nuestros antecesores; ayúdales a entenderlo.
- Crea junto con tus hijos el árbol genealógico de la familia. Investiguen sobre sus antecesores tan atrás como se pueda, así como sobre las historias de algunos de ellos; los tíos y tías las saben. Hazlos conscientes de la importancia de conocer sus raíces, de las cuales provienen.

Finalmente, te invito a llevar a cabo la siguiente vivencia, profunda y hermosa, que yo he experimentado y he llevado a muchas personas a hacer lo mismo durante ciertos cursos o conferencias relacionados con el tema. Lo ideal sería que lo experimentaras tú mismo, y también puedes compartirlo con tus hijos. Se trata de lo siguiente:

Debes estar de pie. Puedes poner música tranquila, una vela, incienso o lo que a ti te guste. Cierra los ojos, respira lento y profundo, y luego percibe detrás de ti a todos tus antecesores. En primer plano tus padres y después todos los demás. A muchos de ellos ni los conoces ni sabes que existieron, pero de ahí vienes. No podrás obviamente visualizar a cada uno, pero simplemente percibe su presencia. Luego, manteniendo los ojos cerrados todo el tiempo, lentamente da media vuelta para quedar frente a ellos. Exprésales desde tu corazón y mentalmente: "Gracias por haberme dado la vida. Gracias por todo lo que me han dado y enseñado. Los amo, los honro, los bendigo y les pido que me den su bendición y su fuerza de amor y vida". Y recíbelo, respíralo, déjate impregnar de ello. Después de unos momentos, los que tú quieras, dales las gracias y despídete de la manera que lo desees. Luego, date la media vuelta para que quedes, digamos, de espaldas a ellos, manteniendo los ojos cerrados todo el tiempo. Ahora imagina que frente a ti están todos tus descendientes: tus hijos en primer plano y luego todos los que vendrán. Y con la autoridad que te da el ser portador de esa fuerza de amor y vida que has recibido de tus antecesores, envíala hacia tus descendientes frente a ti. Después de unos momentos, cuando estés listo, termina la vivencia: pon atención en ti mismo, ubícate muy bien aquí y ahora, siente tu cuerpo y haz todo lo que necesites hacer para terminar este trabajo profundo, hermoso, trascendente y poderoso más allá de lo que podemos imaginar.

Por tu propio bien, por el de tus hijos, por el de toda tu cadena generacional, honra a tus antecesores y enseña a tus hijos a hacerlo también.

59

¿Cómo reaccionar a la masturbación de los adolescentes?

Infinidad de veces se han presentado frente a mí padres y madres tremendamente preocupados porque su hijo adolescente se masturba. En algunas ocasiones están verdaderamente consternados porque sucedió que al abrir la puerta del baño o de su recámara lo sorprendieron haciéndolo. Cuando me preguntan qué debe uno hacer cuando abre la puerta y se encuentra a su hijo en esa situación, mi respuesta es: "Vuélvela a cerrar, y la próxima vez mejor toca antes de abrir, porque ya te diste cuenta de que a veces a tu hijo se le olvida echarle el seguro".

Es muy importante que comprendamos que no hay nada de malo en la masturbación, y ni se diga si la enfocamos en el contexto de la adolescencia, donde justamente la enfocaré.

La masturbación ha sido satanizada a lo largo de los años, porque todo lo referido a la sexualidad se manejaba bajo esa nube de mitos y amenazas de toda clase, con el fin de provocar miedo en los jóvenes para que no se tocaran y no pecaran.

Con todo el respeto que me merece cualquier religión o filosofía que la repruebe, yo hablaré de la masturbación desde el punto de vista psicológico, y desde éste, dicho acto tiene una función muy importante en el desarrollo psicosexual del individuo. Por una parte, a través de la masturbación, el adolescente (hombre y mujer por igual) aprende a conocer su cuerpo y sus sensa-ciones, factores que son indispensables cuando llegue el momento de tener una relación de pareja adulta. A veces me parece absurdo esperar que alguien que nunca se tocó a sí mismo sea capaz, de la noche a la mañana, de sentir placer sexual o de dárselo a su pareja cuando llega el momento de comprometerse con alguna.

Otra función importante de la masturbación en la adolescencia es aliviar —digámoslo así— la tremenda carga sexual generada por el fuerte despertar hormonal en esa etapa de la vida. Por una parte, en la adolescencia se tiene mayor producción hormonal que en ninguna otra etapa, pero, por otra, no es el mejor momento para tener relaciones sexuales, por lo menos en nuestra sociedad occidental. En consecuencia, los jóvenes necesitan tener un escape para descargar su torrente de energía sexual, y la masturbación puede funcionar como tal.

No obstante, aunque es normal y hasta sana, sí hay ciertas situaciones que se salen de lo normal y sano y que ameritan nuestra atención e intervención como padres. Una de ellas es cuando el adolescente lleva a cabo este acto en lugares públicos o frente a otras personas. Hay muchos casos como éstos; en este momento me viene a la memoria el de una niña que era compañera de mi hija cuando cursaba el cuarto grado de primaria. Esta alumna era varios años mayor que el resto de sus compañeros, debido a que había perdido tres o cuatro ciclos escolares por motivos de salud, y obviamente estaba en una etapa de la vida diferente de la del resto del grupo. Ella se tocaba constante y abiertamente durante las horas de clase. Algunos de nuestros hijos nos lo comentaron, y varios padres hablamos con la maestra al respecto, pidiéndole que interviniera en el asunto porque esto no era sano en lo absoluto. Por increíble que parezca, la maestra descalificó nuestra petición diciendo que lo que la niña hacía era completamente normal a su edad. Tuvimos que acudir a las autoridades escolares, pues aunque en efecto es normal a su edad, lo que no es normal es que lo haga frente a otros.

Otra situación en la que podemos considerar anormal e insana la masturbación en los adolescentes es cuando ellos se enajenan con este acto. Es decir, pasan enormes cantidades de tiempo haciéndolo, perdiendo el interés en otras actividades, como salir, convivir con sus amigos, jugar con sus videojuegos, ver televisión, estar con la familia, etcétera, porque este acto ocupa todo su interés y los obsesiona.

Nunca hay que reaccionar con desprecio y agresión hacia los adolescentes que presentan la problemática mencionada en los párrafos anteriores, pero sí será muy conveniente y necesario acudir con un psicoterapeuta para que nos ayude a revisar profundamente la situación y definir las acciones necesarias para manejarla.

Por otra parte, también es importante propiciar que nuestros adolescentes realicen muchas actividades físicas, artísticas, sociales y de todo tipo, a través de las cuales puedan encauzar su energía sexual y al mismo tiempo desarrollar sus habilidades y talentos.

La adolescencia es una etapa de descubrimiento, y el descubrimiento del cuerpo y sus sensaciones es tan hermoso y digno como el de los talentos, la personalidad, los intereses y la propia identidad.

60

¿Cómo recuperar la confianza perdida después de una infidelidad?

Tal vez deberíamos empezar con otra pregunta: "¿Se puede recuperar la confianza perdida después de una infidelidad?" Sí, sí se puede. Muchísimos casos de infidelidad he atendido en mi consultorio, porque lamentablemente es una situación muy común y frecuente entre las parejas, y puedo asegurar, sin temor a equivocarme, que cuando éstas llevan a cabo un trabajo terapéutico comprometido, sí es posible.

Cada quien podrá tener sus propias creencias y postura ante la infidelidad, y todas son muy respetables. Qué sé yo... lo que sí sé es que tarde o temprano explota la bomba porque la verdad no soporta estar escondida y oculta en la oscuridad, y esa explosión lo único que causa —no sólo en los dos amantes, sino en sus respectivas parejas, hijos y otros miembros de la familia— es dolor, odio y una tremenda sensación de traición... muchísimo de todo ello, y para coronar esa desdicha, la inevitable pérdida total de la confianza.

Por fortuna es posible recuperarla. Para lograrlo, es necesario que la pareja trabaje muy duro en la curación de los devastadores efectos de esta experiencia. Es muy conveniente asistir a terapia de pareja, donde un profesional los apoye en este proceso. Lo que yo te recomendaré aquí no pretende suplir esa atención profesional, sino simplemente ofrecerte algunos lineamientos generales que ayuden a lograr dicho objetivo.

Debo hacer la firme aclaración de que estas recomendaciones, así como la terapia de pareja, serán efectivas solamente si ambos están verdaderamente interesados en seguir juntos y en trabajar para superar esta difícil situación. En mi práctica profesional encuentro que la mayoría de las parejas están en esta postura, y sólo algunas ya no tienen interés en seguir juntos y mucho menos en invertir dinero, energía y tiempo para solucionar las cosas entre ellos.

Un factor muy importante para que la pareja logre superar todo el daño que la infidelidad causó, es que quien la cometió comprenda el dolor y el enojo de su pareja. E insisto en esto porque con frecuencia encuentro en el/la infiel una actitud de indignación porque su pareja le reclama y agrede. Hay que entender, como adultos que somos, que todos nuestros actos y decisiones tienen consecuencias y no nos queda más que asumirlas, nos gusten o no. Entonces es primordial que quien fue infiel comprenda que lo que hizo no es algo ligero y sin importancia para su pareja, sino todo lo contrario, y que ésta obviamente siente mucho dolor y enojo. Por tal motivo, debe "aguantarle" los reclamos y expresiones de enojo. ¿Por cuánto tiempo? Pues el que le duren. Normalmente, en el proceso de terapia se le ayuda a la persona traicionada a procesar su enojo y todos sus sentimientos, con las técnicas y herramientas que el terapeuta maneja; esto sin duda alguna le ayudará de manera muy efectiva.

Por otra parte, no es de extrañar que la persona traicionada haya perdido la confianza y que por algún tiempo —que variará de acuerdo con cada caso y persona— desconfíe de todo lo que su pareja le dice. Si va a trabajar duda de que en verdad esté allá; si va a una junta, duda de que realmente esté en esa junta; si sale de casa a cualquier asunto, teme que se haya ido a ver a su amante; si habla por teléfono, piensa que está hablando con él/ella. Esta pérdida de confianza es totalmente normal, porque se le estuvo mintiendo durante todo el tiempo en que duró la relación. Entonces, quien fue infiel debe tener la disposición de ayudar a su pareja a superar su desconfianza. Una forma efectiva es que ambos hagan acuerdos respecto a esto. Por ejemplo, el/la infiel se compromete a llamarle cada cierto tiempo para aquietar sus dudas. O tal vez acuerden que su pareja le acompañará a todos los lugares a donde sea posible llevarlo/a, o quizá decidan fijar horarios para llegar a casa después del trabajo, o comer juntos todos los días, etcétera. Y estos acuerdos durarán el tiempo que consideren necesario.

Hay una gran cantidad de alternativas que, con base en las actividades y las costumbres de la pareja, se pueden establecer para ayudar a recuperar la confianza perdida. En mi experiencia, cuando los miembros de una pareja se aman y desean seguir juntos, quien fue infiel está dispuesto/a a hacer todas estas cosas y a "aguantar" todo lo que sea necesario, cuando ha comprendido que lo que hizo es lo que ha generado todo este desasosiego y "revolución" en su vida cotidiana.

Y quizá lo más importante sea que el/la infiel se comprometa honestamente, consigo mismo y con su pareja, a no repetir la historia. Ser fiel o ser infiel es una decisión; como adultos que somos y ejerciendo nuestro libre albedrío, elegimos lo uno o lo otro. Si alguien no se puede comprometer a ser fiel, está en todo su derecho, pero debería tener la decencia de decírselo a su pareja, porque ésta también tiene el derecho de saber que la historia se seguirá repitiendo, y con base en esta realidad podrá tomar sus decisiones.

Si hay amor y la voluntad de estar juntos, las secuelas de una infidelidad se pueden superar. Si no hay lo uno o lo otro, será imposible. Es decisión de cada pareja elegir hacia dónde quieren caminar.

61

¿Cómo ayudar a tus hijos a superar su complejo de inferioridad?

Podríamos definir el "complejo de inferioridad" como el sentimiento y la creencia de valer menos que los demás. El complejo de inferioridad y la baja autoestima van siempre de la mano y se gestan desde que somos niños.

Para un pequeño, lo que dicen sus padres y los adultos significativos para ellos es la verdad absoluta. En esta etapa de la vida no tenemos la capacidad de discernir y formular pensamientos abstractos como: "Mamá/papá me acaba de decir que soy un niño insoportable y horroroso, pero no lo soy; me lo dice porque tiene muchos problemas en el trabajo o le duele la cabeza". El pequeño simplemente introyecta lo que se dice acerca de él y esto se convierte en la única verdad. Todo lo que una criatura escucha sobre sí misma va formando su autoconcepto. Y así, de tanto oír que es "malo" (cualesquiera que sean las palabras con las que se le exprese), se va convenciendo de que no vale.

Así, también, algunos actos de los padres le mandan a un niño el mensaje de "me importas menos que otros, te amo menos, vales menos". Por ejemplo, cuando a un hijo le hacen una gran fiesta de cumpleaños y al otro no; cuando a uno siempre le compran ropa nueva y al otro siempre le tocan las prendas usadas y viejas que van dejando los otros; cuando por la misma conducta a uno se le pega o castiga y al otro se le permite y no se le hace nada; cuando a uno siempre le creen los chismes que da sobre su hermano y al otro nunca le creen; cuando se le había prometido llevarlo a cierto lugar, y con la mano en la cintura no se le cumple porque surgió algo "más importante", etcétera.

Sobra explicar cómo todas estas palabras y actitudes de los padres van dejando impregnado en el hijo el mensaje de que no es suficientemente valioso, generándose así un complejo de inferioridad.

Cuando nos convertimos en adultos, la tendencia natural e inconsciente es compensar ese complejo de inferioridad volviéndonos exitosos, obteniendo logros y destacando de alguna manera en diversas áreas de la vida. Ésta sería, en todo caso, una forma sana de resolver nuestro complejo de inferioridad. Pero lamentablemente esto no es lo que a todos les sucede. Para muchas personas este problema se vuelve como un tatuaje que llevan durante toda la vida, una cárcel que les impide salir adelante y tener éxito en sus relaciones, su profesión, su economía y en toda su vida en general.

Ya sea que la persona adulta sea capaz de compensar su complejo de inferioridad con logros o no, éste la mortifica, le causa pena y dolor y le hace la vida mucho más difícil.

Algunos padres tratan de ayudar a sus hijos a superar su complejo de inferioridad presionándolos para que hagan ciertas cosas o criticándolos por ser como son, tal como una madre hacía con su niña, a quien constantemente le decía: "¿Qué no te molesta ser tan 'poquita'?", acompañando sus palabras con un tono de voz y un lenguaje corporal realmente humillantes. Es más que obvio que la presión o la crítica no sirven sino para reforzar y empeorar el problema.

Lo que sí puede ser eficaz para ayudar a tu hijo a superar su complejo de inferioridad es llevar a cabo acciones como las siguientes:

- Háblale de lo que sí hace bien, de lo que sí te gusta de él/ ella. Dile muchas cosas positivas y valiosas sobre sí mismo, pero nunca las inventes, porque mentir sobre esto es peor que no decirlo. Exprésale solamente lo que en verdad creas.

- Enrólalo en actividades extraescolares, que vayan de acuerdo con sus intereses, habilidades y talentos, porque en ellas experimentará muchas veces la sensación de logro, capacidad y éxito.
- Cuando le llames la atención no necesitas humillarlo ni criticarlo.
- Cuando le llames la atención usa un lenguaje "temporal", en lugar de uno "permanente"; por ejemplo: "Limpiaste el baño muy mal", en vez de: "Eres un cochino"; "Me dijiste que ya habías terminado la tarea y es mentira", en lugar de: "Eres un mentiroso".
- Motívalo de manera amorosa y respetuosa para que se atreva a hacer cosas o enfrentar situaciones que le asustan, haciéndole saber que se sentirá increíblemente bien y orgulloso de sí mismo después de haberlo hecho, ayudándole a ver que ahí estás tú apoyándolo para lo que necesite. También ayúdale a tomar conciencia de los siguientes factores, ya que hacerlo nos sirve enormemente para perder el miedo a enfrentar ciertas cosas o por lo menos para bajarlo de intensidad: "¿Qué es lo peor que puede pasar si te atreves a hacerlo? En caso de que sucediera, ¿te das cuenta de que no es el fin del mundo?", etcétera.
- Ámalo incondicionalmente. Hazle saber que, sea como sea y si las cosas le salen bien o si se equivoca, de todas maneras lo amas.

Ningún ser humano debería ir por la vida sintiéndose inferior a otros, porque no lo es. Haz a tus hijos el gran favor de convencerse de ello.

62

¿Hay que defender a los niños?

A mí me parte el corazón enterarme o presenciar tantas circunstancias en las que alguien molesta, se burla o de cualquier forma abusa de un niño, y los adultos en quienes él confía y que deberían protegerlo no lo hacen.

Hace poco una amiga me contó que su nieta de seis años sufre las constantes burlas de algunos compañeros del colegio por ser demasiado morena, y muy especialmente de dos hermanos que no la dejan en paz. (Hago un paréntesis aquí antes de continuar con esta historia, para decirte: ¿de dónde sacan unos niños de seis años la idea de que tener la piel morena es malo? Pues de los estúpidos prejuicios de sus padres, que les van llenando la cabeza de ridiculeces como éstas.) Pues bien, resulta que el padre de esta niña recoge todos los días a esos dos hermanos burlones, para llevarlos al colegio. La pobre niña se baña todas las mañanas y lleva el cabello escurriendo agua, porque lo primero que los odiosos niños le dicen en cuanto se suben al coche es: "¡Cochina, no te bañaste, mira qué negra estás!", y la niña, angustiada, invariablemente les responde: "¡Sí me bañé, mira cómo tengo el pelo mojado!" Ellos, acompañando sus palabras con burlas y risotadas, continúan diciéndole que no es cierto porque está negra; ella sigue tratando de convencerlos y así hasta que llegan al colegio. Este tormento se repite cada mañana, y ¿sabes qué hace el papá? ¡NADA! Escucha todas esas burlas y se queda callado. ¡Increíble!

La pobre niña ha desarrollado tal grado de ansiedad, que cuando van a un par de cuadras de la casa de los niños, comienza a alterarse su respiración y a ponerse sumamente nerviosa. No me cabe en la cabeza que un padre presencie todo eso y no haga ni diga absolutamente nada. Cuando se me pidió mi opinión al respecto, dije: "Deberías decirles a esos niños: '¡No voy a permitir que sigan molestando a mi hija! Se callan ahora mismo o los regreso a su casa de inmediato'. Y luego hablar con los padres y decirles: 'Ya no voy a llevar a tus hijos a la escuela porque se pasan todo el camino burlándose y molestando a mi hija y no la voy a seguir exponiendo a esto'".

Esta criatura hermosa e inocente, al ver que su padre permite que la molesten y humillen cada día, recibe el mensaje de que no vale, de que merece ser tratada así, ya que ni su propio padre la defiende. Este débil y cobarde hombre, en lugar de hablar de frente con los padres de estos niños para informarles sobre su conducta, lo que hizo fue simplemente inventarles una excusa para decirles que el próximo año escolar no podría pasar por sus hijos, pero dejó que las cosas siguieran sucediendo todavía durante algunas semanas más, porque "al cabo ya se va a terminar el año escolar". Eso es no tener compasión ni pantalones.

Algunos padres permiten que ciertos miembros de la familia se burlen de sus hijos y les inventen sobrenombres o hagan bromas acerca de sus dientes desacomodados, sus piernas flacas, sus malas calificaciones o cualquier otro "defecto" del niño.

Cada vez que una criatura no es defendida por sus padres, cuando de alguna manera alguien los molesta, recibe este catastrófico mensaje: "Eso es lo que te mereces, no vales lo suficiente". ¿Cómo esperamos que una criatura que vive esto constantemente se convierta en un adolescente y luego en un adulto feliz y sano?

63

¿Por qué nos resulta difícil cambiar?

Siempre me sorprende el hecho de que tantas personas vayan por la vida acarreando durante años sus depresiones, ansiedades, fobias, miedos, resentimientos y toda clase de problemas psicológicos. Con mucha frecuencia escucho comentarios como: "Tengo cinco años con una profunda depresión", "Padezco crisis de angustia desde que era adolescente", "Tengo insomnio desde años atrás", etcétera. Y mi respuesta/pregunta ante estos comentarios es: "¡¿Y por qué no te curas?!"

Todos los asuntos psicológicos con curables; todo es susceptible de mejorar si es atendido. ¿Por qué entonces no ponemos manos a la obra y dejamos de sufrir?

Hay una variedad de razones por las cuales nos es difícil cambiar.

Una es la flojera y la comodidad, traducidas en esa aletargada inercia que nos lleva a mantenernos en la misma situación, aunque no seamos felices en ella y aunque nuestra vida no funcione por causa de ella. Muchas veces preferimos quedarnos en esa zona de confort, nomás porque ya es conocida; porque cambiar implica empezar de ceros y, por tanto, incomodarnos. Las personas que se resisten al cambio, que puede traerles grandes beneficios, están convencidas de que "más vale malo por conocido, que bueno por conocer". ¡Qué gran tontería! Entonces, ¿es mejor vivir en lo que no nos gusta ni nos hace felices, que abrirle los brazos a lo nuevo? Detrás de esta actitud no hay sino flojera, conformismo y cobardía.

Negarse a cambiar lo que causa problemas e infelicidad es asunto de cada quien; pero no tenemos derecho a hacerles la vida miserable a nuestros seres queridos, que deben soportar nuestras depresiones, ansiedades, explosiones y patologías cotidianas, sólo por nuestra flojera y cobardía para enfrentar esos monstruos y hacer algo al respecto.

Conozco a una familia conformada por los padres y dos hijos de cuarenta y tantos años. El padre y los dos hijos padecen un trastorno neurológico que los lleva a perder el control cuando se enojan y a presentar tremendas explosiones durante las cuales gritan ofensivos insultos a sus parejas, destrozan objetos y hacen toda clase de cosas, algunas muy peligrosas. Ya que pasa la crisis se sienten avergonzados y culpables y piden perdón miles de veces, sólo para repetir la escena una siguiente vez. Esta problemática puede ser curable con la atención profesional adecuada. Me indigna que, aun sabiéndolo, ninguno de los tres hace nada por curarse, sin importarles lo traumático y doloroso que puede ser para sus hijos y pareja lidiar con esto toda la vida, porque su cobardía, pereza y falta de agallas para tomar las medidas necesarias son enormes.

¡Existe tanta gente a la que al parecer le gusta vivir sufriendo! Teniendo a su disposición las herramientas para mejorar su situación de cualquier tipo, eligen seguir transitando el disfuncional caminito que ya conocen, sólo por eso, porque lo conocen.

Detrás de esta resistencia a mejorar nuestra vida, además de la flojera, la cobardía y la comodidad que ya mencioné, puede haber una profunda creencia de que no merecemos ser felices, o de que para ser espirituales y buenas personas hay que sufrir. No pretendo cambiar las creencias de nadie, pero si ésas son las tuyas, te invito a reevaluarlas pasándolas por el filtro de tu adultez, para que si decides conservarlas sean en realidad producto de tu libre albedrío y no sólo algo a lo que te apegas porque así te dijeron que debería ser.

Otro de los factores que con frecuencia ocasionan nuestra resistencia al cambio es la soberbia y el orgullo, que llevan a muchos a afirmar que no necesitan ayuda y que ellos todo lo saben, todo lo pueden, y así como son y están es lo correcto.

Yo estoy convencida (si no lo estuviera no habría elegido esta profesión) de que podemos cambiar *casi* todo lo que deseemos. Y enfatizo el *casi* porque también sé que algunas cosas —aquellas sobre las que no tenemos control— no se pueden modificar. También estoy convencida de que ser felices es nuestro derecho de nacimiento y que resolver los problemas —de cualquier índole— que nos impiden serlo es también nuestro derecho y, probablemente, nuestra obligación, sobre todo cuando ellos afectan la vida y la paz de aquellos a quienes amamos.

Hay una infinita variedad de herramientas para ayudarte a cambiar lo que desees, en todos los ámbitos. Si en verdad le abres los brazos al cambio, la vida te las pondrá enfrente y la realidad toda se acomodará para ayudarte. Lo único que necesitas es tener voluntad y disposición; el resto vendrá por añadidura.

64

¿Cuáles comportamientos destruyen la relación de pareja?

Un paciente, profundamente acongojado y nostálgico por los "buenos tiempos" entre él y su esposa, me dijo: "¿Qué nos pasó? ¡Estábamos tan enamorados!"

Estoy segura de que muchas parejas se cuestionan lo mismo, y casi todos nos preguntamos qué es lo que hace que, donde antes hubo amor, ahora haya resentimiento o hasta odio; donde hubo ilusiones y esperanzas, ahora haya desilusión y desconfianza. ¿Qué le sucedió a una pareja para que llegara a tan devastadora situación?

Puede haber sin duda innumerables factores; en este espacio deseo comentar algunos, con el deseo de que podamos tomar conciencia de ellos y, mejor aún, hacer algo al respecto.

Uno de estos factores, que nos atrapa a la mayoría de los seres humanos, es el propio ego cuando le permitimos manejar nuestra vida y convertirse en amo y señor de nuestros actos y decisiones. El ego no es "malo"; el problema es que lo desconectamos de nuestra naturaleza superior, que es quien debiera tener el señorío de nuestra vida, y se la cedemos a aquél. En estas circunstancias, se convierte en un mal consejero y mal guía.

En la relación de pareja, el ego dominante nos lleva a plantearnos insanos, inmaduros y bajos cuestionamientos, como:

"¿Por qué le he de pedir perdón si él/ella no me lo pide?", "¿Por qué le he de decir que le amo si él/ella no me lo dice?", "Que sea él/ella quien lo haga primero y luego lo haré yo". Esta actitud nos atrapa en un círculo vicioso de dolor, venganza y luchas de poder, que sólo causan dolor a los involucrados.

Otros factores que contribuyen al deterioro de la relación de pareja son la incapacidad de "ponernos en los zapatos del otro" y la incapacidad de "ver desde afuera" una situación. Lo primero nos conduce a comprender los sentimientos y las acciones de nuestra pareja, que son producto de sus heridas de la vida. Lo segundo nos lleva a tomar la responsabilidad de la parte que nos toca en un conflicto o cualquier otra situación, haciéndonos conscientes de nuestras acciones y palabras que propiciaron el flujo de la dinámica/conflicto entre ambos y las reacciones del otro. Por ejemplo: para que haya un abusador, se necesita alguien que lo permita; para que haya un verdugo se precisa una víctima; para que haya un irresponsable se requiere un rescatador, etcétera. Al ver "desde afuera", nos damos cuenta de que no hay malos ni buenos en nuestra historia de pareja; simplemente, ambos jugamos un juego en el que cada quien desempeña su papel.

Tal vez soy una optimista incurable, pero yo tengo la convicción de que cuando tenemos voluntad, todo se puede lograr. Esto también se aplica en la relación de pareja. Invertir tiempo, esfuerzo y todo lo necesario para repararla cuando se ha deteriorado, es una de las mejores inversiones en la vida. Esto es posible cuando ambas partes lo desean y tienen el suficiente amor y convicción de seguir juntos.

65

¿Cuáles comportamientos fortalecen la relación de pareja?

Es un hecho innegable que así como hay comportamientos y actitudes que destruyen la relación de pareja, existe también una gran variedad de ellos que pueden obrar como poderosas fuerzas de amor y luz, fortaleciendo la relación y uniendo a sus componentes en un nivel muy profundo. Esos comportamientos y actitudes vienen del alma, de nuestra naturaleza superior sabia y amorosa. A diferencia de los que provienen del ego y que buscan destruir, ganar y minimizar al otro, éstos buscan su bienestar, hacerlo sentir valioso y amado. Hablemos de algunos de ellos.

Reconócele y agradécele a tu pareja por todo lo que te ha dado, apoyado, lo que hace por la familia, sus virtudes y cualidades, y lo que te gusta de él/ella. Una conducta que causa una magia muy especial, que une a la pareja, es hablar de estos aspectos frente a otros: los amigos, la familia. Cuando le reconoces a tu amada/o en público, se despierta en su interior una fuerte sensación de gozo, aprecio, y una poderosa conexión entre ambos.

Siempre interésate en satisfacer sexualmente a tu pareja. Que su placer y su satisfacción sexual sean para ti tan importantes como los tuyos. Cuando un hombre deja a su mujer frecuentemente (o siempre, porque sucede) "a medio camino", la mujer se va volviendo resentida y amargada. Por el contrario, cuando una mujer está plena sexualmente, se mantiene conectada, fascinada, enamorada. Esto se debe a muchas razones profundas y otras netamente bioquímicas: como consecuencia de la excitación y el orgasmo, el cerebro femenino produce grandes cantidades de una hormona llamada oxitocina (además de endorfinas y otras), que en este contexto específico provoca en la mujer una profunda conexión con su hombre, unas enormes ganas de cuidarlo y atenderlo, una hermosa fascinación por él, un enamoramiento.

Por su parte, el hombre se cansa y pierde el interés cuando su mujer le niega el sexo constantemente, cuando, haga él lo que haga, el cuerpo de ella no le responde, y se va volviendo frío y resentido.

Otro factor que beneficia enormemente a la relación de pareja es el hecho de que tengan un proyecto de vida juntos. Un negocio, un pasatiempo, algunas actividades académicas, actividades y creencias espirituales similares, etcétera. Cuando no tienen nada en común y cada uno camina en dirección contraria, el alma de la pareja se muere, se separan, se vuelven extraños.

Pasar tiempo juntos, sin hijos, es otra conducta muy recomendable que les servirá para unirse y conocerse, y sobre todo para aprender a sentirse cómodos el uno con el otro, sin tener en medio a los distractores: los hijos.

Apoyarse mutuamente, ayudarse en sus cosas personales cuando así se requiere, contar el uno con el otro, es una actitud que refuerza enormemente el amor y la apreciación.

Ante los conflictos, las discusiones y los desacuerdos que llegan a calentar los ánimos, es muy recomendable desarrollar el hábito de detener de tajo la discusión y separarse por un rato, para que luego, con los ánimos serenos y la mente en calma, se pueda hablar del asunto de manera madura, adulta y responsable. Cuando no hacemos esto y dejamos que una discusión acalorada siga, decimos y hacemos cosas que hieren profundamente a nuestra pareja y de las que luego nos arrepentiremos. Y a veces no hay marcha atrás.

Enfrentar los problemas y los resentimientos en lugar de dejar que se vuelvan añejos, más complicados, y que pongan en riesgo la relación, es un sabio comportamiento. Nunca está de más asistir a algunas sesiones de terapia de pareja o acudir a cursos, retiros y todo lo que pueda ayudar a fortalecernos y mantenernos felices y satisfechos.

La relación de pareja requiere cuidados y mantenimiento, tal como se lo damos a todo lo que nos interesa: el coche, el negocio, la casa. Todo es cuestión de decidir tomar las disposiciones necesarias. Porque no se trata de seguir juntos por comodidad, por conveniencia o porque tus creencias religiosas o los prejuicios sociales te lo mandan, sino por una total convicción de que esa persona, justamente ésa, es con la que quieres ir por la vida.

66

¿Es sano que tus hijos usen videojuegos?

Como muchas cosas en la vida, los videojuegos no son totalmente "buenos" o totalmente "malos"; absolutamente sanos o absolutamente insanos. Tienen su lado muy bueno y también pueden convertirse en una tremenda amenaza para la salud emocional y psicológica de tus hijos.

Entre los beneficios que pueden aportar se encuentra el que contribuyen a desarrollar los reflejos y la coordinación visomotora, la cual es una herramienta clave para el buen desempeño en la escritura de números y letras y para el desarrollo de habilidades más complejas, así como de la atención y la concentración.

No obstante, hay innegables posibilidades, bien comprobadas, de que los videojuegos se conviertan en la fuente de profundos daños a la mente y las emociones de nuestros hijos.

Esto sucede cuando permitimos que se enajenen en el juego durante horas, ocupando en ello el tiempo que debería ser dedicado a otras sanas actividades, como la convivencia con amigos y familia, el arte o el deporte. La pasividad física que el videojuego conlleva impide que los niños y adolescentes desarrollen sus huesos y músculos y aprovechen todos los beneficios que el ejercicio físico les aporta.

Así, también, cuando el tema del videojuego está cargado de agresividad, sangre y muerte, provoca profundos daños a nuestros hijos.

Hace poco presencié la exposición de los resultados de serios estudios (cada día hay más) acerca de los efectos del uso de videojuegos, a los cuales se ha dado en llamar "niñeras electrónicas", ya que muchos padres los usan como tales, para que entretengan y distraigan a sus hijos.

Algo sumamente impactante que revelan dichos estudios es que cuando los niños o adolescentes usan videojuegos violentos, van perdiendo la capacidad de sentir y expresar compasión, ternura e interés por las necesidades y los sentimientos de otros. Asimismo, aprenden a ver como algo normal la sangre, la agresión, el abuso y el asesinato.

El uso excesivo de videojuegos, aunado a los temas violentos, conduce a que en corto tiempo los chicos comiencen a presentar depresión, mal humor y ansiedad y un consecuente deterioro en el rendimiento académico, así como la atrofia de la imaginación, la creatividad y de sus habilidades sociales.

Para que tus amados hijos no sean víctimas de los catastróficos efectos que los videojuegos pueden acarrear, es necesario que observes estrictamente estas condiciones:

- No permitas que tus hijos usen el videojuego por más de una hora al día; este tiempo es más que suficiente. Provéeles además de actividades sanas, como el deporte, el arte y la convivencia con amigos y familia.
- Cuida mucho el contenido de los videojuegos que les compras o les permites utilizar y conócelo tú mismo antes de aprobarles su uso.

Siempre insisto en la importancia y la necesidad de que los padres nos plantemos de cuerpo y alma en nuestro lugar de autoridad, y en la trascendencia que esto tiene en la vida de nuestros hijos.[1] En lo relativo al control del tiempo y al tipo de videojue-

---

[1] Para un análisis profundo de este aspecto recomiendo leer mi libro *Hijos tiranos o débiles dependientes*.

gos que usan, este asunto se vuelve prioritario. Aunque tus hijos se enojen, aunque estén en desacuerdo, esto no es negociable. Como madre/padre, te corresponde ejercer el derecho de permitir o no las cosas que dañan profunda e irreparablemente a tus hijos. No sólo es tu derecho, es también tu obligación.

67

¿Cuáles comportamientos son normales en la adolescencia?

Con mucha frecuencia me encuentro con madres y padres que están muy preocupados por ciertos comportamientos de sus hijos adolescentes. Algunas veces tienen razón en estarlo, pero muchas otras no, porque aquello que los acongoja es algo totalmente normal y hasta sano en la adolescencia.

En la medida en que comprendamos mejor esta compleja etapa de la vida, podremos ver desde una perspectiva correcta las acciones y las actitudes de nuestros adolescentes y dejar de preocuparnos por lo que no es preocupante.

Comencemos por entender que en cada etapa de la existencia humana hay una "tarea" que lograr para conseguir el desarrollo sano de la personalidad. En la adolescencia, esta tarea es nada menos que establecer la propia filosofía de la vida y la propia personalidad. Una herramienta que la psique usa para lograrlo es la rebeldía, que se traduce en buscar los propios intereses, ir en contra de las reglas y experimentar lo que los padres y los adultos decimos que no se debe hacer.

Mientras más presión y control, más rebeldía. Esto significa que con los adolescentes hay que negociar, no imponer; porque cuando imponemos, prohibimos, controlamos y presionamos demasiado, de seguro que se irán al otro extremo, justamente a lo que les estamos prohibiendo. Un equilibrio entre disciplina y libertad, autoridad y respeto a sus necesidades, es indispensable. Cabe aclarar que se puede presentar alguna situación en la que debemos imponer un límite, y aquí no hay negociación. Esto es aplicable en las circunstancias que de alguna manera ponen en riesgo el bienestar y la integridad física o moral de nuestro hijo o del resto de la familia.

Una de las conductas que desagradan o lastiman a muchos padres es el enorme interés que los adolescentes tienen por estar con sus amigos, con los cuales son sumamente solidarios y apoyadores. El hecho de que prefieran salir con los amigos que con la familia a veces es causa de conflictos. Pero la socialización es una necesidad importantísima en esta etapa y a través de ella los jóvenes aprenden los valores de solidaridad, compromiso, responsabilidad y fidelidad, que cuando adultos generalizarán a otras relaciones como la de pareja, hijos y trabajo.

Sin embargo, los padres también tienen el derecho de convivir con sus hijos adolescentes. Hay que negociar con ellos para definir ciertos tiempos (especificando día y horas) en que convivan con la familia y otros en que puedan estar con sus amigos y disfrutar plenamente de su compañía.

Otra de las cuestiones que con frecuencia preocupan a los padres es la sexualidad de sus hijos adolescentes y, muy específicamente, la conducta de masturbación. En este libro dedico un espacio especialmente a este asunto, el cual te recomiendo revisar, así como el tema que titulo "¿Cómo convencer a los adolescentes?"

Por otra parte, es común que en la adolescencia se presente una cierta crisis existencial que puede durar un tiempo variable, durante el cual el joven está confundido sobre lo que quiere hacer en la vida, lo que elige creer y cómo quiere vivir. Probablemente decida dejar de estudiar porque considera que la escuela coarta la libertad y controla, y quizá diga que pasará la vida conociendo el mundo y viviendo de pequeños empleos aquí y allá. Tal vez decida hasta cambiar de religión. Muy a menudo, ante estos planteamientos los padres ponen el grito en el cielo, pero no deben preocuparse por ello. Esto es parte de sus "ensayos" para construir la vida que elegirán para sí mismos; bástenos recordar que a muchos de nosotros nos sucedieron cosas como éstas, y aquí estamos: sanos, felices, productivos, responsables y maduros.

Un aspecto más que es común en la adolescencia y que es necesario entender y no malinterpretar, es el hecho de que ellos son egoístas y egocéntricos por naturaleza. Ésta es otra causa de muchos conflictos con los padres, porque éstos esperan que sus hijos sean considerados y que se interesen en las necesidades de la familia, pero pareciera que lo único que les importa es que se les satisfagan las suyas propias. Aunque las actitudes egoístas son normales a esta edad, no debemos dejar el asunto en el olvido. Hay que poner ciertas reglas y establecer límites que les ayudarán a ir desarrollando la capacidad de entender que los seres queridos son importantes.

La volubilidad emocional y los cambios de humor son también propios de esta etapa; se deben a los dramáticos cambios hormonales y psicológicos que están experimentando. A veces se manifiestan con cambios abruptos del enojo al llanto o de la alegría a la tristeza. Si bien es importante tener mucha paciencia para comprenderlos, también lo es el que jamás permitamos un "igualitarismo" manifestado con insultos o faltas de respeto. Los hijos necesitan padres amorosos y cercanos, pero también firmes y dignos.

Y a fin de cuentas, la base para tener una relación armoniosa con nuestros adolescentes es dejar de criticarlos y juzgarlos. Porque ¡lo hacemos tanto! Tal vez sea la etapa de la vida en que los seres humanos somos más criticados; esta actitud separa y cierra las puertas de la disposición y la confianza, las cuales necesitamos tener bien abiertas para poder acompañarlos amorosa y firmemente a lo largo de esta agitada e interesante etapa de la vida.

68

¿Qué hay detrás del insomnio?

El insomnio puede ser un estado pasajero o una condición crónica. Se considera crónico cuando se ha presentado casi todas las noches durante un mes o más. Ésta es quizá una de las situaciones que más perturban la vida de las personas que lo padecen. La falta de sueño se acumula y va minando muchas funciones mentales, sociales, psicológicas y físicas, afectando todas las áreas y actividades del día a día.

Hay quienes lo han sufrido por tanto tiempo, que lo llegan a considerar parte natural de su vida. Sin embargo, el insomnio no es natural ni normal. Tiene solución y no es algo con lo que se tenga que convivir de por vida.

El insomnio crónico se debe a varias causas; algunas tienen que ver con un desequilibrio químico en el cerebro, por la baja producción de serotonina y melatonina (conocida como hormona del sueño). Otras causas pueden ser una lesión cerebral, un problema neurológico o de tiroides, así como la depresión o ansiedad de origen endógeno, que son generadas por desequilibrios bioquímicos en el cerebro. Debe ser atendido por un médico capacitado que prescriba los tratamientos o medicamentos adecuados.

El insomnio pasajero es resultado de ciertas situaciones que la persona está experimentando en esa etapa de su vida: un problema laboral, económico, familiar o de cualquier otra índole, que literalmente "le quita el sueño". Una vez que la situación pasa o mejora, la función normal de dormir se recuperará sin esfuerzo alguno.

Un aspecto del insomnio crónico que es indispensable analizar es el que se refiere a los fuertes componentes psicológicos que lo acompañan (muchas veces el insomnio crónico no corresponde a los problemas físicos mencionados). Veamos: cuando dormimos se suprimen los variados mecanismos de defensa que nuestra psique utiliza durante la vigilia con el propósito de adaptarnos y "funcionar" de la mejor manera posible en todos nuestros asuntos y relaciones. Cuando dormimos, pues, ausentes dichos mecanismos, surge de nuestro inconsciente todo el material reprimido del que, justamente por la acción de ellos, no somos conscientes.

Cuando una persona tiene demasiados asuntos inconclusos en su vida —por ejemplo: importantes conflictos internos que no se han resuelto y/o se han reprimido y negado, fuertes necesidades emocionales, sentimientos, fantasías y motivos inconscientes—, es seguro que padecerá insomnio.

Dice Fritz Pearls, creador de la corriente terapéutica llamada Gestalt, que al parecer al inconsciente le urge más resolver todos esos asuntos inconclusos que dormir. Por eso interrumpe el sueño, para mostrar ese contenido inconsciente que necesita ser atendido y procesado. Para las personas con insomnio es muy útil que cuando despierten durante la noche se queden quietas, dejando que se muestren recuerdos, sentimientos, etcétera, para que los hagan conscientes y puedan resolverlos, en lugar de evadirse encendiendo la televisión o levantándose a hacer algo.

Un ejemplo que aclara la propuesta de Pearls: cuando dejamos algo inconcluso (una llamada que se nos olvidó hacer, una tarea escolar que no se realizó, un problema que no se enfrentó y del que no se habló, etcétera), a la mitad de la noche nos despertamos con ese pendiente ronroneando en la cabeza y nos cuesta conciliar el sueño nuevamente.

Asimismo, los asuntos inconclusos del pasado —y algunos han durado años sin ser atendidos— nos contaminan las experiencias del presente y fungen como una espinita (o espinota) clavada en la psique, que no nos dejará dormir.

Independientemente de cuál sea la causa del insomnio, nunca estará de más que quien lo padece se decida a reconocer sus resentimientos, angustias, miedos, culpas o cualquier otro asunto no resuelto, que están contribuyendo a su problema de insomnio. Nunca es demasiado tarde para resolver los temas inconclusos del pasado; nunca es demasiado tarde para sanar, vivir *y dormir* en paz.

69

¿Es normal el juego erótico en los niños?

Más de una vez he tenido algún/a paciente que ha cargado una gran culpa por años, por los juegos eróticos que llevaba a cabo en su infancia, y peor aún, le ha llenado de angustia una "duda secreta" guardada durante todo ese tiempo: "¿Seré lesbiana/homosexual?", ya que muchos de esos juegos los realizaba con niños de su mismo sexo.

Asimismo, muchos padres tienen enormes dudas y preocupación por esos juegos que prácticamente todos los niños experimentan en cierta etapa de la vida.

Es muy importante conocer el porqué de esta conducta, así como el manejo adecuado de la misma y los signos que nos muestran que se ha salido de lo normal y sano.

Los niños comienzan a autoerotizarse aproximadamente desde los cuatro años (puede ser poco antes o después). Esto significa que se tocan los genitales, o se los frotan con el brazo del sillón, el pasamanos de la escalera, la orilla de una mesa, etcétera. Lo que sucede es que están descubriendo esas sensaciones placenteras que experimentan con estas conductas, y como se siente bien, desean repetirlo. No es en sí misma una masturbación, como se llamaría en la adolescencia y la edad adulta, sino una autoexploración motivada por la curiosidad y el disfrute natural de esas sensaciones.

Otra forma que toma el erotismo infantil es el juego erótico mismo, que consiste en llevar a cabo estas "exploraciones" con otros niños, durante los famosos juegos al doctor y a papá y mamá. Es muy importante comprender que lo hacen más por curiosidad que por otra razón. Las niñas están interesadísimas en conocer lo que los niños tienen y viceversa.

Las reacciones de los padres al encontrar a sus hijos en estas circunstancias algunas veces son inadecuadas. Lo que conviene hacer es decirles simplemente algo como: "A ver, pónganse la ropa y vámonos a comprar un helado (o al parque, a ver una película, etcétera)". Es decir, hay que distraerlos de la situación, pero sin hacer un gran drama y mucho menos golpearlos o maltratarlos; estas reacciones son a fin de cuentas las que producen un daño en los niños, más que el acto mismo que ellos están llevando a cabo, haciéndolos sentir sucios, malos, y complicándoles el desarrollo sano de su sexualidad.

Aun cuando todo esto es totalmente normal, es de gran importancia tomar en cuenta algunos aspectos que, si se presentan, nos hablan de que el juego erótico se ha salido de los parámetros de lo normal y sano, y debemos intervenir.

- Cuando el juego erótico se da entre niños y uno o varios adolescentes o adultos. Es normal solamente cuando se da entre niños más o menos de la misma edad. Si en él interviene un adolescente o adulto, no lo debemos permitir de ninguna manera y tenemos que poner un alto rotundo a la situación.
- Cuando el niño que se autoerotiza, o los niños que llevan a cabo juegos eróticos, se han enajenado con esa conducta, es decir, pierden interés en otras actividades y ocupan la mayor parte de su tiempo en ello.
- Cuando en su autoexploración o juego con otros niños utilizan objetos que los pueden lastimar, como lápices o cualquier otro.
- Cuando un niño/a se muestra demasiado erotizado en público, es decir, si presenta conductas de exhibicionis-

mo, impulso de tocar a su propia madre o padre en sus zonas íntimas; si está exageradamente interesado en ver el cuerpo de otros adultos, etcétera, se dice que ese niño está "sobreexcitado" o "sobreestimulado". Esas conductas, de un extremo interés sexual, no son normales en los niños, y cuando se presentan se debe a que seguramente están viendo películas pornográficas o con fuerte contenido erótico, o quizá ven/escuchan a sus propios padres cuando hacen el amor, o tal vez tienen una madre o padre del tipo que en psicología llamamos "madre seductora o padre seductor". Éstos son los que se exhiben desnudos ante sus hijos o tienen comportamientos literalmente seductores hacia ellos.

Cuando la conducta de autoerotismo o juego erótico en los niños presenta alguno de los signos mencionados, nos convendría pedir el apoyo de un profesional que analice el caso y nos ayude a encontrar los manejos adecuados de la situación.

El juego erótico, pues, tiene una función en el desarrollo de nuestros hijos. Comprender esto y reaccionar apropiadamente a ello permitirá que nuestros amados retoños incorporen progresivamente las actitudes y comportamientos que los ayuden a desarrollar una sexualidad sana, hasta la edad adulta.

70

¿Cómo ayudar a tus hijos a sentir el gozo de lograr?

La necesidad de logro es una de las más intensas y profundas. Es una sed del ser interno que no estará satisfecho y pleno mientras esta necesidad no se colme. Tiene que ver con la sensación de ser capaz, de poder y, en pocas palabras, de lograr. Produce un profundo gozo que proviene de nuestra naturaleza superior, que nutre todo el ser y que desafortunadamente no todos experimentan.

Por muy lamentable que parezca, somos los padres quienes muchas veces, lejos de ayudar a nuestros hijos a sentir el gozo de lograr, les estorbamos en este proceso. Cada vez que hacemos las cosas por ellos, que les allanamos el camino, que les damos todo en charola de plata, les impedimos experimentar el gozo de lograr.

Veamos algunos ejemplos de la vida cotidiana. Donde hay un niño tratando de abrir un paquete de galletitas, un juguete, etcétera, a su lado hay un padre o una madre quitándoselo de las manos mientras le dice: "A ver, yo te lo abro". Por más insignificante que esto te parezca, al hacerlo le robas a tu pequeño el gozo de lograr, de sentir que puede y que es fuerte y capaz. Es difícil para los adultos comprender el gozo que experimenta un niño cuando puede lograr algo (lo que sea) por sí mismo. Pero si observamos sus reacciones, su lenguaje no verbal y el brillo en sus ojos cuando esto sucede, no nos quedará la menor duda.

Un hombre de cuarenta y tantos años me contó que cuando tenía 26 se fue a vivir a otra ciudad porque ahí encontró un buen empleo. Se sentía feliz y muy orgulloso de sí mismo por estar siendo capaz de mantenerse y ser responsable de su propia vida. A los dos meses de estar viviendo esta situación, su padre —que toda la vida fue un hombre extremadamente sobreprotector— lo llamó y le dijo que le había depositado un dinero en su cuenta y que cada mes le depositaría lo de la renta. El joven se sintió muy desilusionado; "sentí que mi padre me echó a perder esa experiencia que estaba disfrutando tanto y me estaba sirviendo mucho", me dijo con tristeza.

Me llama la atención enormemente que después de haber publicado mi libro *Hijos tiranos o débiles dependientes*, muchos jóvenes de ambos sexos lo han leído y me escriben diciendo algo como: "Me reconozco como un hijo sobreprotegido; mis padres siempre me han solucionado y dado todo. Veo que soy débil e inmaduro. ¡No quiero ser así! ¿Cómo le hago para ponerles límites y que dejen de sobreprotegerme?" ¡Cuánto me impresionan estos correos! Y por si me quedara alguna duda, me confirman que los seres humanos necesitamos sentirnos capaces, sabernos fuertes y exitosos, y nos estorba la "ayuda" de otros, aunque éstos sean nuestros padres.

Por cierto, para no dejar este cabo suelto, te contaré lo que respondo a estos jóvenes: "En principio, diles a tus padres que necesitas que te dejen aprender y madurar y que ya no te sobreprotejan. Ante cada intento de ellos de hacerlo, responde cosas como: 'Déjame hacerlo, yo puedo', 'Yo me hago cargo, tú no me lo tienes que solucionar', 'No me digas cómo, yo lo quiero hacer a mi manera', 'No me des esto, no lo necesito', 'No lo pagues tú, yo lo quiero comprar por mí mismo', etcétera".

Por el gran amor que les tienes a tus hijos, deja que hagan las cosas por sí mismos, deja de sobreprotegerlos y facilitarles la vida, para que puedan sentir el gozo de lograr.

71

¿Cuáles son los signos de alerta de que tu hijo/a está consumiendo drogas?

Que un hijo consuma drogas es una de las situaciones más devastadoras para todo padre. Cuando nos enteramos de que esto está sucediendo experimentamos altísimos niveles de dolor, miedo, preocupación, confusión, angustia y una insoportable culpa. Por ese motivo es común que cuando un hijo está consumiendo drogas, nuestro inconsciente activa un mecanismo de defensa llamado "negación", cuyo objetivo consiste en protegernos del sufrimiento que la cruda realidad nos provocará. La negación conlleva una distorsión de la realidad y no percibir ciertos signos que, en el caso que nos ocupa, son pruebas de que nuestro hijo está consumiendo drogas.

Cuando entramos en negación se activa la llamada "percepción selectiva", bajo la cual percibimos (permítaseme la redundancia) sólo ciertas partes de la realidad: las que podemos tolerar. De lo que nos resulta intolerable, sencillamente no nos damos cuenta.

En el caso que nos ocupa, la negación nos hace incapaces de ver los inconfundibles signos que indican que nuestro hijo consume drogas. Con frecuencia éstos son muy claros y obvios para otras personas, pero no para los padres, que están en negación. Por doloroso que resulte, es muy importante reconocerlo, porque mientras más pronto lo hagamos, más pronto podremos hacer algo al respecto.

Éstos son en general los signos que nos indican que nuestro hijo consume drogas:

1. Cambios drásticos en sus patrones de sueño y alimentación. A veces duerme muchas horas y algunos días casi no duerme. A veces come muchísimo y en otras ocasiones no tiene hambre.
2. Olores extraños que impregnan su cabello y su ropa (la marihuana huele a pasto/hierba quemada).
3. Ojos rojos y/o vidriosos.
4. Mirada perdida.
5. Pupilas dilatadas.
6. Andar lento y/o errático.
7. Dolor estomacal frecuente, acidez, gastritis.
8. Sonarse mucho la nariz o sorber constantemente, como si tuviera gripe.
9. Cambios drásticos en su humor y estado de ánimo: hostilidad, agresividad, intolerancia.
10. Aislamiento de la familia, con quien le resulta muy desagradable interactuar.
11. Nuevos amigos. Sus amigos de toda la vida (a menos que también consuman drogas) pasan a un segundo plano: no les llama ni contesta a sus mensajes, no sale ya con ellos, le caen mal.

Algunos de estos comportamientos parecen comunes en los adolescentes y pueden confundir a los padres. Es importante entender que para llegar a considerar que nuestro hijo está consumiendo drogas, debe presentar varios de los signos mencionados, no sólo uno o dos. Pero varios de ellos (del 2 al 8), aunque siempre van acompañados de algunos de los otros, son casi inequívocos indicadores del consumo.

Sin duda alguna, ver la realidad nos causará tormentosos sentimientos. Pero negarse a verla sólo complica más las cosas y alarga el tiempo en que nuestro hijo consumirá sustancias que afectan profundamente su cuerpo, su mente, sus emociones y su dignidad. Por ello, cuando descubrimos que nuestro hijo consume drogas, es necesario poner manos a la obra cuanto antes. Esto significa buscar ayuda y orientación en un centro de tratamiento de adicciones o con un terapeuta especializado en el tema. También es muy conveniente que nos involucremos en un grupo de Alanon o Familias Anónimas —que son para familiares de adictos—; los hay en todos lados y no tienen fines de lucro. Ahí recibiremos gran apoyo emocional y aprenderemos a manejar la situación de manera sana y adecuada. Integrarnos a uno de estos grupos es lo mejor que podemos hacer para ayudar a nuestro amado hijo.

La verdad siempre sale a la luz. Es una poderosa fuerza que tarde o temprano se nos muestra porque no soporta estar oculta. Más nos vale verla cuando toca a la puerta, y afrontarla. Mejor hoy que después.[1]

---

[1] Para un amplio análisis sobre el tema, recomiendo leer mi libro *Te voy a contar una historia. La mía y la de mi hijo cuando fue atrapado por las drogas*.

72

¿Si pudieras… si tuvieras…?

Si tuviera 10 kilos menos… si tuviera más dinero… si mi pareja fuera… si mis hijos… si mi jefe… entonces yo sería feliz, o haría tal cosa o dejaría de hacerla.

Me impresiona cómo muchas personas tienen la tendencia a poner condiciones a su felicidad, a su paz y crecimiento interior y a sus actos de generosidad y solidaridad.

También me impresiona la otra faceta de este "si pudiera… si tuviera…" Me refiero a la fuerte tendencia a engañarnos a nosotros mismos afirmando que si tuviéramos dinero apoyaríamos tal causa o lo compartiríamos con tal persona; que si tuviéramos tiempo haríamos ejercicio o colaboraríamos en cierta actividad; que si pudiéramos cambiar esto o aquello, lo haríamos.

La verdad es que si de veras queremos dar, damos; si en realidad queremos ayudar, ayudamos; si de veras queremos hacer, hacemos. Y cuando no, es sencillamente porque no tenemos la voluntad… Así de simple.

En una ocasión, un médico me dijo que si no estuviera casado y con hijos, se iría a misionar a África para curar a los niños pobres, porque su corazón tenía sed de ayudarlos. "¿Y por qué no ofreces tus servicios aquí en tu ciudad, para atender a niños enfermos y pobres y así saciar la sed de ayudar que tiene tu corazón, en lugar de dar por hecho que sólo si tu esposa e hijos no existieran podrías hacerlo?", le pregunté, obteniendo como respuesta un simple: "Pues sí, podría ser…"

En otra ocasión acudió a consulta una joven bulímica con fuertes conflictos con su controladora mamá y en tal estado de avance de su enfermedad, que requería apoyo inmediato de un equipo interdisciplinario de profesionales (psiquiatra, nutriólogo, gastroenterólogo, además de mi atención psicológica), o mejor aún, internación en una clínica especializada en este problema. Después de la primera sesión, llamé a la mamá para citarla con el objeto de plantearle la situación y tomar decisiones al respecto. En esa llamada me obligó a hacer malabares en mi agenda hasta encontrar un día y hora que le acomodaran, porque todas las fechas que le ofrecía las rechazaba. Las razones: "Ay, ese día tengo un desayuno", "Uf, tengo cita con mi nutrióloga", "¡Imposible! Viene el carpintero a instalarme una alacena", "Tampoco puedo, es cumpleaños de mi vecina y ya me comprometí a ir". Ante mis propuestas de que cancelara, reaccionaba con total negativa.

El día que "me hizo el favor" de acudir a la cita, y después de plantearle y explicarle los resultados de mi evaluación del caso y las acciones que yo consideraba urgente realizar, se mostraba renuente a aceptarlo. Pero lo que más me impresionó fue su reacción cuando le comenté que necesitaba que viniera a varias sesiones junto con su hija. Eso le molestó y comenzó a quejarse diciendo que por qué siempre se le echa la culpa a la mamá (cuando yo no había hecho eso en absoluto), que ella tenía muchas cosas que hacer, que asistir a terapia con su hija cada semana le iba a trastornar sus actividades. Y seguía repitiendo más o menos las mismas cosas una y otra vez, acompañadas de marcados manoteos y una voz con tal tono de queja que parecía que la estaban asesinando.

Dejé flotando en el aire este asunto con la intención de retomarlo más tarde, y seguimos hablando de otras cosas. En un momento dado se puso sensible y comenzó a llorar. Me dijo: "Daría lo que fuera por que mi hija se aliviara y fuera feliz. Si el mismo Jesucristo se me apareciera y me dijera que si le doy mi vida mi hija se cura, lo haría de inmediato. Lo que más deseo es que se cure…" Entonces le respondí: "Es extremadamente improbable que Jesucristo se te aparezca y te pida tu vida a cambio de la salud de tu hija; pero lo que sí puedes hacer por ella, que es venir a terapia y tener la disposición de seguir mis indicaciones para que le encontremos la ayuda profesional que necesita, eso no lo quieres hacer. Estás dispuesta a darle tu vida a Jesucristo si te la pide, a cambio de la salud de tu hija, pero sabes bien que eso no va a suceder. Y lo que sí puedes hacer aquí y ahora en la vida real, para que se cure, no estás dispuesta a hacerlo".

¡Cómo nos encanta hacernos tontos (por no decir otra palabra que se me antoja más) y ponerle absurdas condiciones a la vida para hacer algo! ¿Por qué simplemente no reconocemos que no queremos ayudar, que no queremos hacer, que no queremos compartir, que no queremos cambiar y, en pocas palabras, que no nos queremos incomodar, en lugar de perder tiempo y esfuerzo elaborando excusas —a veces hasta refinadas— para disfrazar esa simple verdad?

Volvámonos auténticos y congruentes. Dejemos de hablar de lo que haríamos si pudiéramos o lo que daríamos si tuviéramos, y mejor hablemos y actuemos sobre lo que sí podemos dar, lo que sí podemos hacer, lo que sí podemos cambiar aquí y ahora, en nuestras circunstancias y con nuestra realidad, tal como nos lo sugiere Theodore Roosevelt: "Haz lo mejor que puedas, con lo que tengas, en donde estés".

73

¿Cómo enseñar a tus hijos a manejar su ira?

La ira, como cualquier otro sentimiento, es normal y humana. Es algo que nuestros hijos, al igual que cualquier otra persona, experimentarán muchas veces en su vida. Generalmente nos invade cuando las cosas no resultan a nuestro gusto o cuando sentimos temor o dolor. Sí, detrás de la ira hay dolor y/o miedo. Analiza la próxima vez que la sientas, y comprobarás que esto es verdad. Cuando algo nos duele o causa temor, con frecuencia lo encubrimos con ira, ya que el miedo y el dolor lastiman mucho y nos hacen sentir pequeños, vulnerables, indefensos. En cambio, la ira nos hace sentir fuertes y grandes. Encubrir el dolor y el temor con ira, reaccionando con todos los signos que la acompañan, no es un acto intencional, sino un mecanismo que se dispara de manera inconsciente, con el fin de protegernos del sufrimiento.

Así, pues, muchas veces los padres no somos capaces de reaccionar de manera adecuada ante las explosiones de ira de nuestros hijos, y mucho menos de enseñarles a manejarla de manera sana. Por lo general, las reacciones de los adultos ante la ira de sus hijos pueden ser:

- Despreciarlos, regañarlos o golpearlos. Esta actitud, en lugar de enseñarles algo útil, les transmite el mensaje de que cuando se sienten así, son indeseables, malos e indignos de amor.

- Darles lo que quieren para que no se enojen o para que detengan su reacción de ira. Esto reforzará ese comportamiento, enseñándoles que enojarse es una forma eficaz de adquirir lo que quieren o de salirse con la suya, y se establecerá como un patrón en su vida.
- Dejarlos explotar y llegar hasta niveles en los que se pierde el control y el niño golpea, destruye o presenta comportamientos peligrosos.

Es cierto que podría sugerirte muchísimas cosas y detallar, explicar, desmenuzar los porqués y los cómo sobre este asunto del manejo de la ira. Pero sé muy bien que ser padre no es nada fácil y que a veces nos sentimos agobiados con tantas cosas que hay que aprender, saber y hacer. Por eso te voy a ofrecer algo muy sencillo: cuatro simples propuestas fáciles de recordar y de llevar a cabo, pero que pueden dejar en tu hijo aprendizajes realmente útiles para el resto de su vida.

- Designa un rincón de tu casa (puede ser literalmente un rincón o toda una habitación, según el espacio con el que cuentes) para que ahí haya objetos que sirvan para sacar la ira; por ejemplo: cojines, un bate de plástico para pegarles, una perilla de box o cualquier cosa como éstas. De antemano se hace un acuerdo de que cualquier miembro de la familia que esté enojado irá a ese rincón a sacar su frustración y coraje, en lugar de agredirse física o verbalmente entre sí. Enséñale a tu hijo que otros movimientos intensos con el cuerpo son igualmente útiles para este fin, como subir y bajar escaleras, salir a caminar o a correr. También darse un baño o respirar profundamente ayudarán a recobrar la calma.
- Durante el episodio de ira, "échale un ojo", pero no pongas demasiada atención, y mucho menos le des lo que quiere con el fin de calmarlo; no le sigas el juego. Y déjale bien

claro: "Aunque te enojes, de todas maneras no te voy a dar permiso de ir, o no te voy a comprar el juguete", etcétera.

- Cuando haya pasado el episodio de ira, explícale con palabras adecuadas a su edad que no es malo por sentirla, que todas las personas tendemos a enojarnos cuando las cosas no suceden como las queremos, pero que es muy importante saber qué hacer cuando estamos enojados. Explícale también por qué no le diste ese permiso o esa cosa y déjale bien claro, con voz firme y convincente, que así no va a conseguir las cosas y que cuando decides decirle NO, aunque se enoje seguirá siendo NO.

- Enséñale a hablar de lo que siente, ya que hacerlo ayuda a ver las cosas desde otra perspectiva y a comprenderlas mejor. Ayúdale a entender que las cosas, las situaciones y las personas tienen derecho a ser como son y no tienen por qué ser como él quiere.

Con estos sencillos manejos y tu amor, añades una preciosa y valiosa gema al cofre de tesoros que todos llevamos dentro y que está formado por los variados aprendizajes y recursos que a lo largo de la vida recibimos de nuestros padres.

74

¿Es conveniente dejar llorar a los bebés?

Cuando un bebé llora, tiene un motivo: hambre, frío, calor, sueño, cansancio, dolor, estrés o necesidad de amor y contacto físico. Han existido opiniones encontradas en cuanto a si es conveniente dejarlo llorar cuando no ha parado de hacerlo una vez que se han satisfecho sus necesidades básicas.

Algunos recomiendan dejar que lo haga hasta que por agotamiento se quede dormido; otros consideran que esto es un gran error… ¡y lo es!

Cuando dejamos llorar por un largo rato a una criaturita dependiente e indefensa, que además estuvo protegida nueve meses en el vientre tibio y seguro de su madre, experimenta sin lugar a dudas una dolorosa impotencia, abandono, soledad y desamparo. También siente dolor físico, ya que todo el aire que traga por los gritos y el llanto, junto con la contracción de sus músculos provocada por lo mismo, distiende sus paredes abdominales, causándole gran incomodidad e incluso dolor. Pero hay algo aún peor: cuando dejarlo llorar es un patrón repetitivo, se gestará en ese bebé una gran inseguridad, temor y falta de confianza en sí mismo, en los demás y en la vida misma, que lo acompañarán hasta su adultez.

¡Pobrecitos de los bebés a los que dejan llorar, llorar y llorar!… ¡Me conmueven tanto!

En algún tiempo esto se consideró un método adecuado, porque resulta sumamente eficaz para "entrenar" a un bebé a quedarse dormido por agotamiento, a rendirse y, por ende, a dejar de llorar. Actualmente, numerosos estudios comprueban que es un método inadecuado, cruel y que deja importantes secuelas como las mencionadas, por lo que por fortuna cada día es menos popular.

Es importante hacer una aclaración en cuanto a la función del llanto en los bebés. Por una parte, es el lenguaje que ellos utilizan para hacernos saber que necesitan algo. Por otra parte, igual que sucede con los adultos, el llanto es una forma de desahogar la frustración y el estrés, y al permitirlo expulsamos la tensión e incluso sustancias tóxicas que dichos estados emocionales generan. En el caso de los bebés, ellos pueden también estar estresados por un arduo trabajo de parto, o por cualquier otra situación que en su corta vida les ha producido tensión emocional. Por esta razón ellos, como los adultos, requieren a veces de ese desahogo a través del llanto. ¡Pero mucho cuidado! No confundamos esto con el método de dejarlo llorar solo y desamparado, hasta que se quede dormido.

La forma sana y adecuada de ayudar a un bebé a desahogar su estrés a través del llanto es ésta: en primer lugar nos aseguramos de que no llora por hambre, dolor, frío, calor o sueño. Si el bebé tiene todas esas necesidades cubiertas y llora sin motivo aparente, ése es justamente el tipo de llanto que nos indica que necesita desahogar su estrés. Entonces, la madre preferentemente, o quien está a cargo del bebé, lo tomará en sus brazos mientras llora y le hablará con dulzura mirándolo a los ojos todo el tiempo y diciéndole que lo ama, que lo escucha, que está bien llorar, mientras lo acaricia y hace todo lo necesario para hacerlo sentir contenido, seguro y amado. Esto durará hasta que el bebé, de forma natural, deje de llorar.

Este manejo sano, amoroso y sabio le ayudará a relajarse y a desahogar cualquier tensión física o emocional que esté experimentando, y al mismo tiempo fortalecerá sus lazos emocionales, haciéndolo sentir seguro y protegido.

Por el bien de esas amadas, hermosas, indefensas y fascinantes criaturitas, ayudémosles amorosamente a pasar por esa etapa y a lograr la "tarea" que corresponde a la misma: establecer la CONFIANZA BÁSICA, que se traduce en fuertes y sanadores lazos emocionales que le aportan confianza y seguridad en sí mismo, en otras personas y en la vida.

¿Quién no desea eso para sus hijos?

75

¿Qué significa respetar y honrar el destino de tus hijos?

Hace poco una mujer acudió a terapia conmigo, debido a que estaba muy preocupada y triste porque el padre de su hija de cinco años no quiere estar presente en su vida. La mujer le habla, le ruega que la busque, que la visite en su cumpleaños, que le dé un regalo, que la llame y que de cualquier forma posible esté en contacto con ella. La reacción del padre es de total indiferencia y frialdad, y no hay poder humano que lo haga interesarse en su hija y mucho menos en darle su amor y su apoyo.

La madre sufre muchísimo por esto, lo cual es comprensible. Ella considera que la vida de su hija es miserable y horrenda por esa razón, y constantemente la compara con la vida de otras niñas a su alrededor, que sí tienen a un padre presente. Pero esto no se queda en ella, sino que con frecuencia se lo dice a su hija.

Éste es uno de esos casos en que los padres (en este caso la madre) debemos respetar y honrar el destino de nuestros hijos. En este ejemplo fue necesario hacer que la madre comprendiera y aceptara que no puede tener el control sobre el hecho de que el padre de su hija la ame y quiera estar cerca de ella. Nadie puede obligar a otro a cambiar o a hacer algo que no quiere. Ella ya hizo todo lo posible y lo que le toca para conseguirlo. Ése es el destino de su hija: tener un padre ausente, frío, lejano, sin amor.

El destino de nuestros hijos es sagrado; debemos respetar-
lo y honrarlo. Hay algunas experiencias que les toca vivir y no
podemos hacer nada al respecto. Así corresponde, y así está bien.
A veces les tocó nacer de un padre o madre alcohólico[1] o enfermo física o mentalmente, así como vivir las experiencias que los
hijos con padres así experimentan. Eso es destino. A otros les
tocó nacer con síndrome de Down, con parálisis cerebral o con
cualquier otra enfermedad, discapacidad o malformación de origen congénito. Eso es destino.

Todo aquello que está totalmente fuera de nuestro control,
que no podemos cambiar, que aunque intentemos y luchemos
arduamente no podemos modificar, es destino.

Respetar y honrar el destino de nuestros hijos implica, pues,
"darles nuestro permiso" para vivir esas experiencias, apoyarlos para que aprendan de ellas lo que corresponda y, en lugar
de venderles la idea y convencerlos de que es horrible lo que les
sucede, ayudarles a verlo desde un nivel más elevado de percepción, desde el cual es posible comprender que todo sucede por
una buena razón y todo es perfecto tal como es.

A la madre de nuestro ejemplo le recomendé mucho que deja-
ra de mandarle a su hija el mensaje de que su vida es horrible y
miserable porque no tiene un padre a su lado. Es indudable que lo
ideal para todo niño sería crecer con un padre y una madre que
lo amen, lo protejan y lo apoyen, pero cuando no es así, tampoco
es el fin del mundo. La vida vale mucho la pena; hay que vivirla con
las circunstancias, fáciles o difíciles, que a cada uno le han tocado.

Respetemos y honremos el destino de nuestros hijos, recono-
ciendo que, aunque la mayoría de nosotros somos incapaces de
comprender las razones profundas para que las cosas sean como
son, en todo lo que sucede y está fuera de nuestro control hay una
perfección y un orden divino. Así corresponde… y así está bien.

---

[1] Para niños con familiares adictos, recomiendo mucho el libro *En mi casa
también sale el sol*, de Lourdes Rueda Cantú y Maite Saavedra Ordorika,
publicado por la editorial Patria.

76

¿Cómo crear nuestra felicidad?

> La felicidad generalmente no se logra con grandes golpes de suerte, que pueden ocurrir pocas veces, sino con pequeñas cosas que ocurren todos los días.
>
> BENJAMIN FRANKLIN

Esta frase refleja mucho de lo que yo opino acerca de la felicidad. La considero un estado interior más relacionado con la paz que con la euforia que puede causar un evento externo. Si bien es cierto que algunos de éstos producen gozosos estados de alegría, ésta es sólo una reacción a ello, de manera que si el evento no existiera o terminara, también desaparecería el estado de gozo.

La felicidad no es así. La genera el crecimiento interior producto de nuestras experiencias, aprendizajes y trabajo personal, de suerte que no depende de que suceda algo afuera para existir. Una persona, entonces, ES feliz; no ESTÁ feliz. Aun en etapas difíciles de la vida, uno puede tener la certeza de que ahí dentro es feliz.

Cuando hablo de crear nuestra felicidad, realmente lo creo. Estoy convencida de que es posible hacerlo, y aquí presento algunas de las que, a mi entender, son acciones y actitudes para lograrlo.

Una de ellas es trabajar en las áreas oscuras de nuestra persona y las heridas de nuestra historia; todos tenemos algunas. En la medida en que lo hacemos, despertamos nuestros múltiples y poderosos recursos internos que nos servirán para, entre muchas otras cosas, encontrar paz y crear nuestra felicidad. Hay diversos caminos para lograr este objetivo: psicoterapia, oración, meditación, lectura de buenos libros, homeopatía, flores de Bach, reiki, etcétera.

Otra actitud sumamente útil, y que de alguna manera será facilitada por la anterior, es aprender que siempre tenemos alternativas. Ante una situación, persona o evento que no nos gusta y que está fuera de nuestro control, tenemos la alternativa de enojarnos, sufrir, aburrirnos, amargarnos, o bien elegir confiar en que nuestro ser interno la llamó a nuestra vida para algo bueno para nosotros y estar dispuestos a encontrarlo. Cuando la situación sí está bajo nuestro control, podemos elegir hacer algo al respecto para modificarla.

Así, también, existe otra poderosa herramienta "creadora de felicidad": haz cosas que te gusten. Sin duda alguna, ciertas cosas que hay que hacer en la vida no te gustan, eso es normal; pero llena tus días con otras que sí te gusten, y mucho. Ni se te ocurra pensar en que no puedes, no tienes tiempo o dinero. ¡Ni lo menciones! En tus circunstancias, con ese cuerpo, con esa casa, con esa familia, con ese dinero, con tu realidad, ¿qué sí puedes hacer para ser lo más feliz posible? La felicidad está compuesta de muchos momentos agradables, que son creados por hacer actividades que nos gustan y compartir tiempo con personas que nos gustan.

Utiliza tus talentos. Son increíbles la satisfacción y el gozo perdurables que hacer esto genera. En mi opinión, eso que llamamos talentos —y todos tenemos algunos— son medios por los cuales se expresa nuestra verdad más profunda, nuestro ser interno con toda su belleza y esplendor. Son herramientas que utiliza el alma para proporcionarnos estados de éxtasis y conexión con lo divino, que sólo quien utiliza sus talentos con total apertura y disposición puede experimentar. Y por si fuera poco, cuando nuestras actividades cotidianas y laborales tienen que ver con la utilización de nuestros talentos, esto crea por añadidura prosperidad, éxito y abundancia.

Para llevar a cabo las propuestas que he presentado y que considero "creadoras de felicidad", sólo se necesita voluntad para emprender las acciones necesarias; el poder de la voluntad y la intención es incuestionable. Nunca me cansaré de afirmar esto una y otra vez. Sólo necesitamos voluntad… lo demás viene por añadidura.

77

¿Cómo comprender
el significado de los sueños?

El significado de los sueños ha llamado la atención desde los tiempos más remotos de la historia humana. En las religiones, filosofías y corrientes psicológicas de todo tipo, se encuentran relatos, investigaciones y propuestas acerca de la función y el significado de los sueños. Si bien cada una de esas instancias plantea su propia explicación acerca de ellos, yo hablaré aquí del significado y la función de los mismos desde el punto de vista psicológico.

Muchas personas dicen: "Yo no sueño". Tal cosa no es posible. Todos soñamos, pero no todos lo recuerdan. Se considera que en la medida que una persona tiene mayor autoconocimiento y contacto entre todas las áreas de su ser, más será capaz de recordarlos.

Existen diversas líneas de interpretación de los sueños y algunas de ellas son muy profundas y complejas. En este espacio voy a ofrecerte una que ha sido propuesta por la corriente psicológica llamada Gestalt; es muy fácil de utilizar y no por ello resulta menos efectiva para cualquiera que desee comprender lo que su inconsciente quiere mostrarle a través de sus sueños, que es por cierto interesantísimo y muy útil.

Para que esta herramienta de interpretación que te presentaré tenga sentido, te hablaré primero de los procesos que durante y a través de los sueños nuestro inconsciente lleva a cabo y el para qué.

Los seres humanos estamos en constante cambio y aprendizaje. Nada es estático y mucho menos los procesos internos y externos de las personas. Mucho de ello sucede dentro del ámbito de nuestro inconsciente y es por medio de los sueños que éste nos lo muestra. Conflictos internos con los que estamos lidiando, cambios profundos que se están dando en nosotros, asuntos no resueltos del pasado, así como toda clase de cuestiones internas y hasta respuestas y soluciones, nos son mostrados por nuestro inconsciente a través de los sueños. Por ello su interpretación es muy individual y muestra contenidos concernientes sólo al soñador.

Los mecanismos que intervienen en el proceso de soñar son básicamente la "proyección" y la "identificación". Las personas, animales o cosas con las que soñamos, así como las situaciones y los lugares, son símbolos o metáforas del asunto interno que el sueño nos revela.

Pondré un simple ejemplo. Sueñas con tu hermana. Ella está sentada ante una mesa. A su lado se encuentra un perro echado. El perro ataca a tu hermana, la mesa se cae y se destroza (éste fue por cierto el sueño de una paciente que atendí hace un par de días). Tu hermana, el perro, la mesa y el evento son la "proyección" de partes y procesos internos tuyos. Dicho de otra forma, no es que estés soñando con tu hermana, sino que ella sólo representa cierta parte de ti mismo. Tu inconsciente ha elegido a tu hermana, al perro, a la mesa, al lugar y a la situación, por un proceso de "identificación" de ciertas partes tuyas con ellos. Una vez comprendido esto, no te preocupes por tener que recordarlo cuando apliques la sencilla técnica que enseguida te presentaré. Sólo es necesario que te quede claro y lo comprendas.

Así, pues, para interpretar tu sueño harás lo que a continuación llevaré a cabo con el que acabo de contarte.

Primero, anota en un papel todos los elementos de tu sueño y luego escribe al lado de cada uno de ellos lo que significa para ti. Por ejemplo:

Hermana	Fuerza, honestidad
Perro	Peligro, miedo, agresión
Mesa	Solidez, estabilidad

El segundo paso es narrarte la historia de tu sueño, pero en vez de decir: "Mi hermana está sentada ante una mesa y hay un perro echado a su lado...", dirás: "Mi parte fuerte y honesta (tu hermana) se siente amenazada y en peligro (perro que ataca) y eso derrumba mi sensación de solidez y estabilidad (mesa que se destroza)".

Luego vendrá el mecanismo de "asociación de ideas", por el cual asociarás (valga la redundancia) tu sueño con lo que está sucediéndote en ese momento de tu vida: "¿Qué es lo que te está haciendo sentir amenazado y pone en peligro tu fuerza y tu honestidad, al tiempo que derrumba tu estabilidad y solidez?"

Confía en tu intuición y valida tus interpretaciones, porque es extremadamente probable que tengas razón. Cuando entres en este espacio de conexión con tu mundo interno, te sorprenderá lo que descubrirás; entre otras cosas, que sabes mucho más de lo que crees que sabes.

78

¿Cómo te relacionas con el dinero?

El dinero es una fuerza poderosa. Mueve al mundo entero, crea caos y conflictos, pero también bendiciones y fabulosos actos de amor. Esa poderosa fuerza llamada dinero se materializa en los billetes y las monedas, y en todo lo que ellos pueden comprar.

Me encanta ver con detenimiento el dinero de los diferentes países. ¡Es hermoso! Plagado de símbolos, colores y significados. También me encanta ver las manifestaciones materiales que se consiguen a través del dinero, como los pasos a desnivel, los yates, las casas, las joyas, las computadoras, los automóviles y la deliciosa comida que le quita el hambre a todo aquel que la consume. Ver y apreciar las innumerables manifestaciones del dinero no evita, sin embargo, que también vea los estragos que pueden causar la falta o el manejo sucio del mismo.

El dinero, sin lugar a dudas, puede ser una bendición o una maldición. ¿De qué depende que sea una cosa o la otra? De nuestra relación con él.

Para que el dinero sea en nuestra vida una fuente de bendiciones y amor, debemos comenzar por dejar de lado la hipocresía que muchísima gente presenta ante él, pretendiendo que no le gusta y que lo desprecia. Muchas veces se disfraza la incapacidad de generarlo, con una actitud de: "No me gusta el dinero porque soy muy espiritual y no soy materialista". Cuídate de las personas que dicen que no les gusta el dinero, porque su hipocresía ante él las lleva inevitablemente a moverse en actos de deshonestidad cada vez que pueden. Además, esa hipocresía respecto al dinero cierra las puertas de la abundancia.

Tengo un amigo que es un exitoso hombre de negocios y cuyo hijo veinteañero lo critica constantemente y lo tilda de materialista, capitalista y superficial. Hace poco me contó que compró un hermoso y lujoso condominio en la playa. Al escucharlo, su hijo me dijo con una actitud de superioridad y desprecio: "Ay, Martha, a ver si le das unos consejos a mi papá, para que deje de ser tan superfluo y materialista". Yo le respondí: "Mira, mira. Muy superfluo y materialista, pero ¿verdad que vas a ir encantado de la vida a pasar fines de semana y vacaciones ahí?" Él sonrió levemente y me dijo: "Pues… sí". En efecto, el hijo feliz de la vida se va a pasar vacaciones y fines de semana con sus amigos, quienes por cierto son medio *hippies* y desprecian a los "capitalistas" superficiales que son capaces de hacer dinero, pero bien que disfrutan de los frutos de éste. Si fueran honestos y auténticos con su percepción del dinero, se quedarían a dormir en hamacas en la playa, no en un cómodo y hermoso condominio que el maldito y despreciable dinero compró.

También confronté a la esposa de un paciente que tiene la misma actitud. Le dije que si desprecia tanto el dinero y a quienes lo generan, no debería aceptar los frecuentes viajes internacionales a los que su rico esposo la lleva, con todo pagado, por supuesto, incluido el abundante *shopping* que nunca falta.

Otras personas le temen al dinero porque tienen creencias negativas al respecto: piensan que es malo, que echa a perder a la gente, que es peligroso, que crea problemas. Es bien sabido que lo que tenemos en la mente, nuestras creencias, será el disparador de cómo funcionamos en la vida. Quien le tiene miedo al dinero por supuesto que cerrará las puertas a la abundancia y la prosperidad.

Existe un aspecto muy importante que vale la pena analizar, y es el de la comprensión profunda de las leyes de la vida. Me refiero específicamente a éstas: "Todo lo que sale de mí, regresa multiplicado" y "En el universo no existe el vacío". Aplicando estas leyes al tema que nos ocupa, diríamos: "Si comparto mi dinero o sus frutos, se me multiplica. Si lo dejo fluir también, porque en el universo no existe el vacío. Si genero un vacío en mis arcas, el universo lo vuelve a llenar".

Así, pues, abrirle los brazos al dinero dejando la hipocresía de que no nos gusta; compartir nuestra abundancia con otros; dejarlo fluir para que el vacío producido se vuelva a llenar, y confiar en que hay suficiente, son aspectos que aseguran la abundancia y la prosperidad y convierten el dinero en amor y bendición.

Relaciónate con el dinero con amor, gratitud, honestidad, autenticidad, integridad y confianza.

79

¿Cómo enseñar a tus hijos a ver "más allá"?

En una ocasión, cuando yo tenía unos seis años, íbamos en carretera a visitar a mi abuelita al hermoso estado de Michoacán. En algún punto del trayecto aventé por la ventanilla del coche una lata de jugo a la que le acababa de dar el último trago. Para mí fue un acto inofensivo y mi única intención era deshacerme de esa basura. Nunca se me ocurrió que mi acción podría tener efectos negativos. Al oír el sonido de la lata sobre la carretera, mi papá miró de inmediato por el espejo retrovisor para ver de qué se trataba y alcanzó a ver cómo el auto que iba detrás de nosotros tuvo que frenar y esquivar bruscamente la alocada lata, que de seguro lo tomó por sorpresa. Eso pudo haber tenido consecuencias graves y yo hubiera sido la culpable.

Me dio miedo de que me fueran a regañar, pero en lugar de eso mi papá me dijo, con una actitud calmada y amorosa, que no debía lanzar nada por las ventanillas del coche y me explicó con detalle el porqué. Me dijo que no sólo pondría en peligro al coche o los coches de atrás, sino cómo afectaba al campo esa basura que estaba tirando en él. Yo escuché muy atenta y sorprendida; nunca me hubiera imaginado lo que esa acción podría ocasionar. Y aprendí la lección… jamás lo volví a hacer.

También recuerdo cuando mi mamá me encontró en el patio con la manguera abierta a todo lo que daba, desperdiciando el agua profusamente nomás porque sí. Cuando me explicó que si

236

algunos desperdiciábamos agua, a otros no les llegaba el suministro, sentí pena por la gente que era afectada por la manera en que otros desperdiciábamos el agua. Y también aprendí mi lección… jamás lo volví a hacer.

Ya siendo adulta, recuerdo cuando leí sobre la importancia de no acumular ropa y cosas que no utilizamos, porque por un lado bloqueamos la energía, impidiendo que fluya la vida y nos traiga "lo que sigue", nuevas experiencias y nuevas cosas; por otro lado, impedimos que esa ropa u objetos cumplan la función para la que fueron hechos y que puedan ser usados por otras personas que los necesitan. Comprender esto y enseñárselo a mis hijos nos convirtió en gente que no acumula; sólo tenemos lo que utilizamos, o dicho de otra forma, todo lo que tenemos lo utilizamos.

Mis hijos fueron niños que nunca tiraron basura fuera del cesto, porque algún día su padre y yo les explicamos los efectos negativos de dejar la basura fuera de su lugar. Asimismo, los hijos de mis amigos agricultores valoran mucho más que otros niños, jóvenes o adultos, lo que significa tener verduras y frutas sobre la mesa, porque conocen el arduo y largo proceso que se tiene que llevar a cabo para producirlos.

Yo estoy profundamente convencida de que muchísimos niños (y adultos también) ignoran la trascendencia de sus actos, por eso los llevan a cabo. Hace unas tres semanas, la maravillosa mujer que se encarga de limpiar mi hogar me comentó, con un tono de inconformidad y queja, que ya no les dan bolsas de plástico en la tienda donde compra sus frutas y verduras, y que la dueña de la misma les dijo que deben traer sus propias bolsas que no sean de plástico desechable. Cuando le expliqué, con el mayor detalle que pude, cómo los billones de bolsas de plástico que lanzamos a la basura contaminan tremendamente nuestro planeta, estaba realmente sorprendida y su actitud cambió por completo. Días después me dijo, notablemente entusiasmada, que tanto ella como sus hermanas y su mamá habían adquirido unas bolsas para compras y siempre las llevaban para que ya no les dieran bolsas de plástico.

Estoy segura de que cuando nos informan sobre las consecuencias negativas de alguna acción, la mayoría estamos dispuestos a evitarla. Y los niños ni se diga.

Otra faceta de este "ver más allá" consiste en explicar a tus hijos el proceso que se sigue para elaborar nuestra ropa, alimentos, coches, zapatos, etcétera, y cada que sea posible, llevarlos a las fábricas de cualquier tipo de artículo, porque de esta manera —además de que pasarán un rato muy agradable— le darán un sentido más profundo a todo, valorándolo y apreciándolo.

Si nuestros hijos comprenden el trabajo que hay detrás de lo que comen y tienen, así como por qué hay que respetar a la naturaleza, cuidar el agua y usar la electricidad con mesura y conciencia, conocerán, entenderán y valorarán, y de esto vendrá un respetuoso cuidado por la vida.

80

¿Por qué las mujeres nos tenemos envidia?

Las mujeres podríamos apoyarnos unas a otras de una manera maravillosa. Parece ser que nuestras antecesoras se prodigaban ese apoyo de manera natural, en diversas áreas de la vida. Me entristece la marcada rivalidad, competencia y envidia que encuentro entre mis congéneres, y que se manifiesta a través de la crítica, la descalificación, el chisme y el juicio. Al parecer nos hemos convertido en enemigas.

En mi opinión, esto se debe a varias circunstancias que a continuación mencionaré y que simplemente no existían en generaciones anteriores; al ser nuevas para nosotras, no hemos aprendido a manejarlas todavía y por lo general ni siquiera somos conscientes de ellas.

Aunque en todos los casos existen excepciones, una de las grandes áreas de rivalidad entre las mujeres es sin lugar a dudas la relacionada con el matrimonio y el divorcio. Las mujeres casadas desprecian en alguna medida a las divorciadas, considerándolas fracasadas, así como peligrosas amenazas potenciales en relación con su marido. A su vez, las divorciadas desprecian en alguna medida a las casadas, al considerarlas cobardes y débiles por no atreverse a terminar la relación disfuncional en la que muchas de ellas viven.

En el fondo, lo que hay es envidia. Las casadas envidian a las divorciadas por la libertad de que gozan, por la fuerza interna y la valentía que necesariamente han tenido que desarrollar para afrontar la situación y salir adelante, a veces en circunstancias muy difíciles, y también por la posibilidad de iniciar una nueva relación de pareja, o muchas, si así lo deciden. Las mujeres divorciadas, por su parte, envidian a las casadas por todas las ventajas que implica su estado, como la imagen social y el apoyo económico y moral de un marido.

En el aspecto físico, existe una fuerte presión social que recae sobre las mujeres en general, y que nos ha convencido de que TENEMOS que ser hermosas, delgadas y siempre jóvenes. Antes, a las mujeres se les permitía tener el abdomen y los senos flácidos que deja la maternidad, así como las canas y las arrugas que otorga el paso del tiempo. Ahora ya no se vale, y pareciera que tenerlos es motivo de vergüenza y de crítica por parte de otras mujeres. Esa presión social se internaliza y se convierte en autopresión, la cual hace que muchas se sientan "obligadas" a someterse a toda clase de cirugías plásticas para "llenar los requisitos", para cumplir con los estándares, para ser dignas, para merecer ser respetadas, valoradas y amadas.

Por si fuera poco, dicha presión social tiene otras facetas: nos exige —como lo mencioné— ser hermosas, con una cara bella y un cuerpo maravilloso, firme y joven, pero además "debemos" ser muy inteligentes, excelentes cocineras, parejas comprensivas y solidarias, buenas madres y amas de casa, espléndidas amantes, siempre muy bien arregladas, mejor aún si aportamos algo a la economía familiar, y hasta buenas conductoras.

Si bien es cierto que hay mujeres que fueron bendecidas con prácticamente todas esas cualidades (y más), la mayoría no. Así, pues, las hermosas envidian o desprecian a las inteligentes; las inteligentes, a las hermosas; las excelentes cocineras, a las que son capaces de generar dinero, y éstas, a su vez, a las buenas madres y amas de casa, etcétera. El hecho, pues, de que debamos llenar todos los requisitos y ser perfectas nos confronta dolorosa y bruscamente con la realidad de que no lo somos, y esto a su vez nos vuelve enemigas de las poseedoras de aquellas cualidades de las que carecemos.

Todo esto se ha convertido en una gran fuente de envidia y competencia entre nosotras.

Las mujeres nos criticamos y juzgamos con mucha facilidad las unas a las otras, sin entender la gravedad de este comportamiento, ya que cada juicio emitido contra una de nuestras congéneres no sólo le impone a ella una carga que le hace más difícil la vida, sino que nos afecta a todas como género. Seamos conscientes o no —debido a los sutiles hilos que nos conectan a las unas con las otras (el inconsciente colectivo femenino)—, cada una de nosotras se lleva una tajada de los fracasos y las victorias, los gozos y los sinsabores, los aprendizajes y las experiencias de nuestras compañeras de la vida.

Mi propuesta es que hagamos un cambio radical en este asunto; que dejemos de criticar a otras mujeres, y en su lugar les reconozcamos sus logros, les expresemos cosas positivas respecto a sí mismas y las apoyemos sin juicios tanto en sus momentos difíciles como en sus éxitos. Así podremos crear ese oasis llamado "solidaridad", que ofrece cobijo, apoyo y consuelo para todas.

Hay una maravillosa e impactante película que te recomiendo mucho ver. Es una historia de la vida real, que muestra el poder de transformación que la energía femenina armonizada y solidaria es capaz de lograr. Su nombre en español es *Un largo camino a casa*.

La fuerza que las mujeres unidas somos capaces de generar puede cambiar al mundo.

81

¿Por qué es tan importante reconciliarnos con nuestros padres?

Aunque es totalmente normal y humano tener resentimientos con nuestros padres, la inmensa mayoría de las personas los reprimen y niegan porque se sienten culpables y malas si los reconocen. Socialmente es muy mal visto estar resentido con ellos, pero eso no quita que suceda. Estos dolores y resentimientos pueden deberse a infinidad de razones: injusticias, abuso, abandono o agresión por parte de uno o ambos padres.

Yo pienso con frecuencia que si los seres humanos comprendiéramos por qué es tan importante reconciliarnos con nuestros padres, hoy mismo comenzaríamos el proceso. Ellos son una fuente de vida, y la vida es sagrada. Si despreciamos la fuente, despreciamos el producto: YO MISMO/A. Y mientras haya desprecio hacia la fuente y el producto de la vida, no es posible recibir ninguna de las bendiciones materiales y espirituales que ella nos quiere dar.

Quizá alguien me dirá: ¿cómo reconciliarme con mi padre que abusó sexualmente de mí desde los cinco años? ¿Cómo hacerlo con mi madre, que me abandonó siendo un bebé o que me golpeó toda la vida? No pretendo decir que es pan comido, pero es posible. Para lograrlo hay que trabajar en dos niveles: el psicológico y el espiritual.

En el nivel psicológico existen diversas herramientas verdaderamente eficaces para sanar el dolor y el resentimiento de nuestro niño/a interior herido y poder perdonar. Un proceso de terapia nos ayudará sin duda alguna a lograrlo.

En el nivel espiritual es necesario reconocer que a veces los resentimientos nos rebasan y pedir la ayuda de un Poder Superior —como cada quien lo llame o lo conciba—, echando mano, asimismo, de las herramientas que a ti te atraigan, como la oración, la meditación, el reiki, etcétera.

Además, existe un nivel todavía más elevado. Cuando somos capaces de entrar en él, los resentimientos se desvanecen, la percepción de las cosas cambia radicalmente y nos quedamos en paz; es entonces cuando en cuerpo y alma comprendemos el porqué y el para qué de lo que nos sucedió.

Dice el maestro espiritual Orin: "Cuando puedas pensar en tu niñez y en tus padres y sepas que ellos fueron perfectos para el camino en que te encuentras, entonces estarás libre de los efectos de tu pasado".

Así es. Cuando percibimos nuestra vida desde ese nivel elevado de conciencia, podemos comprender que tuvimos los padres perfectos, que nos proporcionaron las experiencias perfectas que necesitábamos para la vida. Que cada uno elegimos a nuestros padres y ellos a nosotros. Que nuestra alma y la de ellos hicieron un contrato antes de nacer para darnos mutuamente lo que necesitábamos, aunque lo hayamos olvidado. Que todos estos acuerdos de las almas provienen del amor y son hechos por amor.

¿Cómo puede entonces un hijo estar resentido con sus padres, cuando lo único que éstos hicieron fue cumplir el contrato que establecieron antes de nacer? ¿Cómo no agradecerles que aunque el cumplimiento del mismo les haya acarreado el desprecio y resentimiento de su hijo, lo acataron al pie de la letra? Detrás de todo esto, hay sólo amor y nada más que amor; de lo contrario no hubiera podido ser.

Cuando somos capaces de conectarnos con ese nivel de entendimiento y profunda comprensión de la vida, vislumbramos la perfección que hay en todo, incluyendo los padres que tuvimos y las experiencias que ellos nos proporcionaron. Y entonces vienen la reconciliación y la paz.

82

¿Cómo manejar los berrinches de los niños... y de los adultos también?

Un berrinche es una extrema reacción de enojo, desilusión, exigencia, impotencia y más, que se presenta cuando las cosas no son como se quiere y en el momento en que se desea.

Aunque esta conducta es normal en los niños de entre uno y medio a tres y medio años de edad, aproximadamente, también se encuentran muchos adultos que la presentan. Los berrinches de los niños a la edad mencionada son parte de su proceso de desarrollo, debido a que en esta etapa de la vida la meta por lograr es la AUTONOMÍA: la separación de la madre para diferenciarse como un individuo aparte. Los bebés no tienen individualidad, podríamos decirlo así. Se perciben a sí mismos como una unidad con su madre, lo cual se llama simbiosis. Para poder lograr esa individualidad y un desarrollo sano hacia la siguiente etapa, la psique del niño instaura el berrinche como una herramienta para reafirmarse a sí mismo, para expresar y dejar bien claros sus sentimientos, necesidades y deseos.

Un manejo inadecuado de esta conducta puede ser permitirle al niño el berrinche y ceder a sus demandas. Otra faceta de un mal manejo es reprimirlo en exceso, deteniendo el berrinche mediante golpes, gritos y fuertes castigos. El primer tipo de abordaje creará una fijación en esta etapa, en el sentido de que la persona seguirá siendo un niño berrinchudo, aunque metido en un cuerpo de adulto; éste presentará dicha conducta cada vez que las cosas no sean como las quiere y en el momento en que las desea. Por el contrario, cuando ha habido excesiva represión y agresión ante el berrinche, la fijación en esta etapa se manifiesta a través del desarrollo de una personalidad pasiva, timorata, demasiado complaciente y dependiente. Puede ser que también desarrolle importantes conflictos con la autoridad, lo cual se manifiesta en no respetar jerarquías e ir en contra de las reglas nomás porque sí, aun cuando éstas sean necesarias y útiles para todos.

La siguiente es una forma sana de manejar los berrinches de los niños, que te convendrá tomar sólo como una guía que tú ajustarás según las circunstancias, y no como una receta rígida.

Cuando el niño quiere algo, sea lo que sea, hace un berrinche para conseguirlo. A veces hay que otorgarle lo que quiere, pero a veces no. Para discernir sabiamente si es conveniente, pregúntate:

- ¿Eso que quiere lo perjudica a sí mismo o a otros?
- ¿Va a tener consecuencias desfavorables en el futuro cercano o lejano del niño?

Si respondes que aquello que tu hijo quiere NO lo perjudica a sí mismo o a otros y no tiene consecuencias inconvenientes, entonces otórgaselo, porque esto también le ayudará a lograr su individualidad y autonomía.

Pero si consideras que eso que desea sí lo perjudica a sí mismo o a otros y tiene consecuencias indeseables, entonces deberás responder con un NO firme y consistente. Esta negativa sin duda ocasionará un berrinche. Ante ello, explícale UNA SOLA VEZ, con voz tranquila pero firme y viéndolo de frente:

- No vas a tomar golosinas porque no has comido. Aunque llores y te enojes, no te voy a dar.

- No te voy a comprar un juguete hoy. Te dije antes de salir de casa que no te iba a comprar ningún juguete. Aunque llores no te lo voy a comprar.
- No puedes jugar con la computadora de tu papá. Ya sabes que eso no lo debes tocar. La voy a retirar de aquí.

Y acompaña tus palabras con acciones acordes a ellas.

Enseguida, es muy importante que ignores el berrinche, en lugar de ponerle atención o seguir repitiéndole las mismas explicaciones una y otra vez. Cuando le ponemos tanta atención a una conducta, la reforzamos. Una vez que se ha calmado (no antes), exprésale tu amor de la manera que quieras y ya no sigas hablando del asunto. Algunos niños tienden a hacer demasiado drama y a veces presentan reacciones que pueden resultar peligrosas, como jalonear un mueble que se pueden echar encima o golpear una ventana que se puede quebrar y cortarse. Hay que "echar un ojo" durante el berrinche, y si estas cosas suceden, debemos detener esa conducta de inmediato, alejando al niño de la ventana o del mueble y evitando el acceso a ello según sean las circunstancias, quizá cerrando la puerta o llevándolo a otra habitación. El resto del proceso sería como te lo mencioné.

Lógicamente, tendrás que adaptar estas recomendaciones a la situación, las circunstancias y el lugar donde te encuentres. Y por favor, ¡cumple lo que dices!, para que no pierdas credibilidad y autoridad ante tu hijo.

¿Y cómo manejar los berrinches de los adultos? Pues exactamente bajo el mismo principio. Es indudable que algunos adultos también hacen berrinches… estilo adulto, por supuesto. Es decir, no se tiran al suelo a patalear ni se ponen a gritar y revolcarse en público (eso espero). Los berrinches adultos se manifiestan normalmente en terquedades sin sentido y toda clase de reacciones infantiles cuando las cosas no son de su agrado. No debemos entrar en el juego ni dejarnos manipular por esa conducta. Veamos un ejemplo. Las cosas no se dan como tu familiar

adulto quiere; entonces, éste hace un berrinche diciendo que no
irá a tal lugar. En lugar de dejarse manipular por esa conducta,
privándose todos de ir o rogándole que cambie de opinión, hay
que decirle algo como: "Bueno, pues si no quieres ir nos vemos
al rato, porque yo/nosotros sí vamos"… Y háganlo.

A veces los berrinches de los adultos son tan absurdos, que se
niegan a algo porque están enfurruñados, como si con eso casti-
garan a alguien. La verdad es que sólo se castigan a sí mismos.
Una maestra que tuve cuando estaba en primero de secundaria,
cada vez que alguna alumna presentaba una conducta berrinchu-
da, le decía: "Tú estás como el loco que dice: no como, amuélese
quien se amuele". Esta frase lo dice todo.

La conducta de berrinche, tanto de los niños como de los
adultos, se superará con un manejo adecuado. Los niños de la
edad mencionada la presentan por un proceso normal en esa etapa de su desarrollo, y los adultos porque cuando niños no hubo
quien la manejara apropiadamente y la llevan hasta la adultez.
Con la conducción adecuada, los niños transitarán sanamente
por esta etapa de su vida. Con el manejo adecuado, los adultos
podrán superar esa fijación y madurar. ¡Qué maravilla!

83

¿Hasta dónde ayudar a tus hijos con la tarea?

Aun cuando en la actualidad numerosos maestros y directores de escuela recomiendan a los padres —y a veces con mucho énfasis— que se sienten a hacer la tarea con sus hijos, en mi opinión esto es un error. Esta responsabilidad les corresponde a los hijos, es su compromiso, y como tal debe ser asumido por ellos y por nadie más. Cuando nos echamos encima las responsabilidades que les tocan a nuestros hijos, estamos enseñándoles a generalizar esa actitud hacia todas las áreas de su vida. Entonces se volverán de esa clase de personas que siempre esperan que otros les resuelvan los problemas y asuman sus compromisos, tal como sus padres lo hacen con su tarea.

Estarás de acuerdo conmigo en que este mundo necesita ¡a gritos! gente responsable, madura y comprometida; créeme que tus hijos no se convertirán en esa clase de personas, si gestas en ellos el patrón de dejar en manos de otros lo que a ellos les corresponde, por ejemplo, la tarea.

Hace unos días asistí a una reunión. Una pareja que estaba presente comentaba, riéndose como si fuera una gracia, que la nana le hace la tarea a su hijo de ocho años todos los días, y lo ha hecho así desde que el niño ingresó al primer año. ¿Dónde le encontrarán la gracia para reírse de esto como si fuera un chiste? ¡Para mí es casi una tragedia! ¿Por qué a veces los padres no vemos la trascendencia que tendrán nuestros actos en la vida de los hijos?

A veces los niños toman una actitud totalmente pasiva ante la elaboración de su tarea, ya que su "apoyadora" mamá (o papá) se encarga de borrar los números equivocados, poner el margen, buscar la palabra en el diccionario, mientras el niño se arrellana perezosamente en la silla, le echa un vistazo a la televisión o juguetea con algo. ¿Para qué esforzarse o concentrarse si ahí está mamá o papá para hacerse cargo?

La tarea es para tus hijos, no para ti. No tomes una responsabilidad que no es tuya, porque estorbas el aprendizaje de la responsabilidad y el compromiso que tanto les servirá a tus hijos en la vida y tantos malos ratos les evitará. Tú no estarás a su lado toda la vida para hacer las cosas por ellos, por eso es tan importante que les ayudes a desarrollar su fortaleza interior y su capacidad de asumir sus propios compromisos o problemas y responder a ellos. Ésa es, sin duda alguna, una de las más valiosas herencias que un padre puede dejar a sus hijos.

En este asunto de la tarea, tu función solamente es la de supervisar y apoyar cuando en verdad sea necesario, sugiriendo dónde investigar o cómo hacer cierta cosa, pero no hacerla. Es llevar la lámpara y alumbrarle el camino para que sepa dónde pisar, pero jamás caminar por él o cargarlo durante el trayecto.

¡Es tan importante que entendamos el verdadero sentido de "ayudar" a nuestros hijos! Y no sólo en el tema de la tarea, sino en todos los asuntos de su vida. El ayudar la mayoría de las veces estorba, porque no deja madurar ni aprender, y cuando no se aprende una lección, el alma vuelve a crear el mismo problema, ¡hasta que se aprende! Cuando tenemos la sabiduría para entender esto, entonces somos capaces de comprender uno de los más sublimes actos de amor hacia los hijos: "Todo lo que tu hijo (de cualquier edad) pueda hacer por sí mismo, deja que lo haga". Y esto incluye la tarea.

Cuando ya has establecido una costumbre de hacerla por ellos o de intervenir demasiado, es importante que "anuncies" el cambio. De hecho, siempre que vamos a hacer un cambio en un patrón de comportamiento, es recomendable anunciarlo a los involucrados, porque así sabrán qué esperar y no se sentirán confundidos al no saber de qué se trata, a qué se debe o cuánto durará. Entonces, dile a tu hijo algo así como: "Desde mañana ya no me voy a sentar contigo a hacer la tarea. Tú la vas a hacer cuando llegue el momento de empezar. Yo voy a estar por aquí por si realmente necesitas algo". Y ten cuidado de que cuando te llame porque supuestamente necesita algo, seas capaz de discernir si en verdad es así, y si no, entonces le reafirmarás tu decisión diciendo algo como: "Eso tú lo puedes hacer, no necesitas mi ayuda". También es aconsejable que, de acuerdo con su edad, le hables de la razón por la que has tomado la decisión de ya no ayudarle con la tarea, y hasta reconocer que estabas cometiendo un error al haberte echado la responsabilidad de su compromiso interviniendo demasiado, y por ello las cosas cambiarán.

Confía en que tus hijos son mucho más capaces y sabios de lo que tú crees, y que tienen todos los recursos que necesitan para asumir sus asuntos... incluyendo la tarea.

84

¿Porquénoesrecomendable la infidelidad?

Cada vez que escucho a uno de mis colegas psicoterapeutas o sexólogos defensores de la infidelidad decir que ésta es recomendable porque resuelve los problemas de pareja, aumenta la autoestima o mantiene a la pareja unida, yo respondo: "Por favor, preséntame un caso… no te pido dos, te pido UNO, en el que esto sea verdad, porque eso no es lo que yo he visto". Hasta la fecha no ha sucedido.

El tema de la infidelidad, como muchos otros en la vida, se presta a gran polémica, juicios de valor y opiniones tan variados como seres humanos hay sobre la tierra. Cada uno de ellos es muy respetable y cada persona tiene el derecho de opinar lo que quiera.

No obstante, a mí sólo me bastan los hechos para convencerme cada día más de que la infidelidad no es el camino ni la solución; por lo tanto, la considero altamente NO RECOMENDABLE. ¿Por qué?

Por mi consultorio han pasado varias docenas de esposas, esposos y parejas con este tema, al igual que varias parejas que conozco de manera personal. Nunca he encontrado esas maravillas que según algunos proporciona la infidelidad. Lo que sí he encontrado en todos es un tremendo estrés y desgaste de energía por mantener el secreto, crear excusas y explicaciones creíbles para encontrarse con el/la amante, cuidar los detalles para no ser descubiertos y elaborar y encubrir las cotidianas mentiras.

También he visto las agobiantes cargas de culpa y las luchas internas entre el debo y el quiero, entre el cuerpo y la mente, y la mezcla de mariposITas o mariposOTas en el estómago que parecieran ser tan excitantes, pero siempre las acompaña también la angustia, el miedo, el estrés, etcétera. ¡Qué flojera me dan los infieles! ¡Qué manera de vivir es ésa! Cada vez que estoy frente a un nuevo caso de infidelidad me pregunto cómo es que hay tantos que quieren vivir así, en lugar de tener la honestidad y las agallas para reconocer sus problemas tanto individuales como de pareja, abrirlos, enfrentarlos y trabajar en su solución o, si así lo deciden, cerrar ese capítulo antes de abrir el otro.

Pero aquí no termina la cosa... La verdad SIEMPRE surge, tarde o temprano. Porque la verdad no soporta estar oculta, porque ama y necesita la luz del día y la claridad del sol, y siempre se muestra. Y entonces viene el caos: tremendo dolor y enormes pérdidas, no sólo para los amantes, sino para sus parejas, sus hijos, su familia, pero obviamente muy en especial para sus parejas. Y en ocasiones el asunto termina en una horrible tragedia.

Lo que hace tan destructivos los efectos de la infidelidad es todo lo que la acompaña para que pueda existir: traición, secretos, mentiras, que tarde o temprano minan el autoconcepto de la persona, porque nadie puede ir por la vida mintiendo y traicionando constantemente, y a la vez sintiéndose valioso e íntegro. Por otra parte, cuando la verdad se descubre, la pareja de el/la infiel experimenta uno de los dolores más devastadores que pueden existir.

Uno de los argumentos de los defensores de la infidelidad es que "ojos que no ven, corazón que no siente", es decir: "Mientras seas cuidadoso/a no pasa nada". La verdad es que el secreto no dura para siempre. Simplemente no sucede así. Es inevitable que haya ciertos cambios de comportamiento y actitud que delatan al infiel, y aun cuando pareciera que su pareja no se da cuenta conscientemente, siempre lo percibe en algún nivel, porque "tu ropa huele a leña de otro hogar".[1] Esta metáfora me encanta. Significa que tu aura o campo energético está impregnado con la energía de la otra persona, y tu campo mental plagado de sus imágenes; esto es imposible no percibirlo. Inconscientemente, visceralmente, intuitivamente, se siente, se sabe, lo cual como consecuencia comienza a minar y a destruir "el alma de la relación", y los separa. Cuando el alma de la relación se muere, hay mucho dolor e insatisfacción al estar juntos y no hay marcha atrás.

Otro de los argumentos a favor de la infidelidad es poner como ejemplo la existencia de movimientos como los *swingers* (intercambio de parejas), de culturas donde se tienen varias esposas, o relaciones en que ambos acuerdan tener experiencias sexuales con otras personas. Nota por favor la gran diferencia que hay entre esto y la infidelidad. Ahí no hay traición ni mentiras. Todos los involucrados en la situación la conocen; nadie está ocultando nada, las cosas son abiertas y con pleno consentimiento de todos. Eso no es infidelidad. Ésta SIEMPRE conlleva: mentiras, secretos, traición, engaño, como lo he comentado con anterioridad.

Si bien a veces parece que la infidelidad mejora la relación (y esto sólo sucede al principio), es debido a que quien es infiel se siente culpable; entonces, para lavar su culpa comienza a ser más amoroso/a con su pareja en muchas formas. Pero todo lo que viene de la culpa no es auténtico, por lo cual no satisface a quien lo recibe, ni provoca efectos sanadores, ni puede durar mucho tiempo.

Basándome, pues, en los hechos, por dondequiera que la vea y por más que me esfuerce en encontrarle "el lado bueno" a la infidelidad, la sigo considerando altamente no recomendable.

Hagamos las cosas con sabiduría y autenticidad, y aceptemos que todo aquello que para existir requiere secretos, traiciones y mentiras, no puede ser sano ni beneficiarnos en absoluto. Dice un refrán: "Si tu relación debe ser un secreto, no deberías estar en ella".

---

[1] Frase tomada de la canción "Tómame o déjame", del grupo Mocedades.

85

¿Qué nos puede ayudar a superar el miedo?

El miedo tiene un fuerte componente mental que alimenta el estado emocional. Debido a que el miedo es tan abstracto, le asignamos una imagen, una relación con alguna experiencia del pasado, para poder darle un sentido concreto; así, decimos: "Tengo miedo a o de…" Este sentimiento tiene mucho que ver con el pasado, y el objeto o la situación que lo causan tienden a verse con un lente de aumento.

El miedo tiene su lado útil. Puede ser una señal de alerta que nos protege y previene de algo. No obstante, cuando se vuelve una actitud ante la vida o se presenta con demasiada intensidad, se convierte en un obstáculo que nos congela y no nos deja avanzar, tomar decisiones o actuar. Normalmente es la mente la que causa esa congelación, porque en todo, y siempre, puede encontrar razones para temer.

En mi opinión, pues, el miedo tiene una parte "racional" y una parte que podríamos llamar "vivencial". La primera se compone de los pensamientos y el diálogo interno, y la segunda, de las sensaciones tanto externas como internas y de las reacciones corporales relacionadas con este sentimiento. Vale la pena adquirir herramientas para manejar ambas facetas del miedo.

Para la parte racional, lo que yo propongo es que nos planteemos y respondamos cuestionamientos como los siguientes:

- ¿A qué le tengo miedo?
- ¿Qué siento que estoy perdiendo?
- ¿Qué me quiere decir mi miedo?
- ¿Qué es lo peor que puede suceder en esta situación que temo?
- Si sucede, ¿puedo "sobrevivir"?
- ¿Esto va a ser importante en un año?, ¿en cinco?
- ¿Qué recursos tengo para enfrentar esto?
- ¿Puedo pedir ayuda?

Cuando respondemos este tipo de preguntas, nos hacemos conscientes de lo que hay detrás de ese miedo que sentimos y también nos podemos dar cuenta de que la gran mayoría de las veces la situación no es tan grave. Con este manejo racional, la intensidad del miedo disminuye y el trayecto del sentimiento se detiene.

Respecto a la parte "vivencial", mi propuesta es:

- Verbalizarlo. Cuando hablamos de un sentimiento, éste necesariamente cambia su forma e intensidad. Sobra decir que es importante elegir ante quién hablarlo: un terapeuta, un buen amigo, un familiar o cualquier persona de tu confianza.
- Respiraciones profundas. El poder de la respiración es enorme; lamentablemente, desperdiciamos muchísimo este recurso. Puedes también visualizar que al inhalar sacas de dentro de ti el sentimiento de miedo, y al exhalar lo expulsas.
- Identifica en qué parte de tu cuerpo lo sientes. Luego, ponle una forma, un color, una temperatura, un peso. Enseguida modifica cada una de esas características de la manera que se sienta bien para ti. Por ejemplo, cámbiale de forma a una que te parezca mejor, cámbiale el color, el peso, el tamaño, la temperatura, etcétera.

- Consiente a tu niño interior. Muchas, pero muchas veces, quien tiene miedo no es el adulto, sino el niño interior que todos llevamos dentro. Esta criatura necesita saber que está protegida, que no es su responsabilidad resolver ese problema o enfrentar esa situación. Entonces, hay que hablarle a ese niño/a interior y decirle algo como: "No te preocupes, chiquita/o, yo me voy a hacer cargo de esto. Ya soy un adulto y además soy muy inteligente y fuerte y sé resolver los problemas, y si no puedo, voy a buscar ayuda. Tú no tienes que solucionar/enfrentar esto, yo lo voy a hacer. Yo te cuidaré, todo saldrá bien", etcétera. Te sorprenderá cómo baja la intensidad de tu miedo y tal vez desaparezca.

Finalmente, te digo lo que siempre recomiendo: "No me creas nada, experiméntalo y convéncete por ti mismo".

86

¿Qué hay detrás de los celos?

Los celos pueden resultar devastadores para quien los padece. Si bien generalmente los asociamos a la relación de pareja, también se pueden dar en cualquier otro tipo de relaciones: de trabajo, de amistad, entre hermanos y entre padres e hijos.

Hay diversos grados de celos, desde los que son una leve sensación relativamente fácil de manejar, hasta los que son tan intensos que rebasan la capacidad de controlarlos. Esta clase de celos es una enfermedad, un tipo de neurosis que se conoce como "celotipia". En ella se presenta cierto grado de paranoia, que conduce a construir historias que no son reales y sustentan y refuerzan el sentimiento de celos, así como una variedad de conductas asociadas con ellos.

Pero ¿qué hay detrás de los celos? ¿Qué lleva a una persona a ser atrapada por este sentimiento desgastante y torturante para todos los involucrados? La predisposición a volverse celoso se gesta desde la más tierna infancia; a continuación veremos las condiciones que lo provocan.

- No se estableció una alta autoestima en el niño. Esto pudo deberse a infinidad de razones: falta de amor, abandono, abuso, agresión, críticas, burlas, castigos humillantes, falta de contacto físico, rechazo, etcétera. Estas situaciones le mandan al niño el mensaje de "no eres valioso, bueno o digno de amor", que llevará hasta la adultez. La persona con baja autoestima se considera tan poco valiosa, que siente que cualquiera es mejor.

- Rivalidad y fuerte competencia con un hermano/a favorito de los padres, ante el cual siempre se perdía. Cuando los padres no son justos con los hijos; cuando tienen favoritismos hacia uno de ellos; cuando, haga lo que haga, el hijo no favorito simplemente no puede caer en su gracia, sin duda alguna se gestará un patrón de rivalidad con "todo aquello" que pueda representar esa dinámica vivida durante la infancia. De tal manera que esa mujer, ese hombre o esa actividad se convierten simbólicamente en el hermano/a favorito y se vive de nuevo el dolor y la rabia por perder, por no sentirse el más importante... otra vez.

- Abandono físico o emocional de los padres, que transmite este mensaje: "No eres lo suficientemente valioso como para que yo quiera quedarme a tu lado". El hijo entonces crece con la convicción de que si no posee, si no controla, si no ata, lo abandonarán, porque siendo tan poco valioso como se considera, nadie querrá estar a su lado.

- Cuando se ha vivido el rol de "esposa" del propio padre. En las hijas a las que sus padres toman simbólicamente como pareja, dándoles más atención que a su propia esposa, se gesta un patrón de relación triangular, que dentro de la familia se refleja en una secreta rivalidad y competencia con la madre por la atención del padre. Posteriormente se generalizará a su relación de pareja, en la que estas hijas querrán seguir siendo la reina, la especial, la única vista, la más importante, como lo fueron para su padre. Esto las llevará a sentirse celosas de toda aquella o todo aquello que atraiga la atención de su hombre.

La persona que padece celos necesita ayuda profesional. La terapia psicológica le podrá servir para encontrar las herramientas y recursos necesarios para sanarlos. El apoyo de la pareja será de gran utilidad; reaccionar ante los episodios de celos de la manera que el terapeuta recomiende según el análisis del caso ayudará de forma invaluable en el proceso de superarlos.

Desarrollar los propios talentos y trabajar en reconstruir su autoestima contribuirá en gran medida a que la persona celosa pueda lograr la paz y la estabilidad emocional que tanto desea. Hace unos días, una pareja de pacientes me comentaron que hace algunos años ella solía ser extremadamente celosa. Por azares de la vida comenzó a llevar a cabo ciertos proyectos personales, como poner un negocio que ha prosperado hasta convertirse en cinco, gracias a su gran capacidad. Los celos desaparecieron como por arte de magia, y ni siquiera recuerdan exactamente cuándo o cómo. Es claro que al percibirse a sí misma como valiosa, capaz, talentosa, etcétera, no tenía ya razones para sentirse inferior a nadie.

Cuando los celos son extremos, estamos hablando de una obsesión y debe ser tratada como tal. Esto significa que se requiere el apoyo de un psiquiatra. No porque la persona esté loca (muchos asocian psiquiatra con locura), sino porque es este especialista quien está mejor capacitado para evaluar y medicar dicho padecimiento. En la gran mayoría de los casos, las obsesiones requieren medicación, la cual, cuando los celos alcanzan este nivel, aliviará el intenso dolor que puede significar cargar con ellos día a día.

Como siempre recomiendo, hay que abrirnos a reconocer cuando necesitamos ayuda y a buscarla. La vida no está hecha para pasarla sufriendo, sino para aprender de cada una de nuestras experiencias y descubrir a través de ellas lo que necesitamos atender de nuestra vida, y así poder disfrutarla y valorarla, en lugar de sufrirla. No hay mejor regalo para los hijos que vivir con padres sanos y felices.

87

¿Cómo cambiar
lo "negativo" en "positivo"?

Los términos *negativo* y *positivo* quizá son inadecuados, ya que en el aspecto más puro de la realidad no hay tal; todo simplemente es. No obstante, manejaré esas palabras porque a fin de cuentas estamos tan habituados a utilizarlas y darles un significado, que esto contribuirá a que las ideas que pretendo proponerte en este espacio puedan comprenderse mejor.

Desarrollar la habilidad de cambiar lo negativo en positivo es una de las mejores cosas que podemos hacer por nosotros mismos, porque ello nos abrirá las puertas para poder ver "más allá" en todo y en todos. Esto trae como resultado la paz y una vasta comprensión de la perfección de la vida.

Todo, absolutamente todo lo que nos sucede tiene una razón profunda y superior. Cada experiencia, persona y situación que llegan a nuestra vida son atraídas y generadas por nuestro ser superior para enseñarnos algo y ayudarnos a crecer. Cuando elijamos ver lo positivo que cada una de ellas nos deja, entonces estaremos generando esa alquimia que transforma lo negativo en positivo. Dice el maestro Orin: "Todo lo ocurrido en tu pasado fue por tu bien. Si pudieras creer que el universo es amigable, que siempre te está ayudando a crear tu bien superior, podrías vivir una vida de mayor paz y seguridad".

En su hermoso libro *Volver al amor*, Marianne Williamson postula que un milagro significa a veces obtener exactamente lo que deseamos y pedimos, pero otra manifestación del mismo es poder cambiar la forma en que percibimos algo o a alguien.

Cambiar lo negativo en positivo no significa estar ciego ni autoengañarse, sino tener la voluntad de ver lo bueno que hay en todo lo que nos sucede y de entender el mensaje profundo que ello nos trae. Pondré algunos ejemplos.

Lo que las personas a tu alrededor "te hacen" es sólo un reflejo de lo que tú te haces a ti mismo. Si ves una relación desde una perspectiva inferior y limitada, sólo verás a alguien que abusa, te miente, te traiciona, etcétera. Pero si tienes la voluntad de verla desde una perspectiva superior, comprenderás que eso es justamente lo que tú te estás haciendo a ti mismo: traicionarte, abusar de ti o mentirte. Verlo así es cambiar lo negativo en positivo, porque puedes entonces entender que lo que te sucedió con esa persona ha sido para tu bien mayor, y que has aprendido y hecho cambios saludables en tu vida gracias a ello.

Otro ejemplo: te quedaste sin trabajo. Eso puede generarte tremendo estrés y preocupación, hasta que logres ver todo lo bueno que esta experiencia te ha traído: la familia se ha unido más, te has confrontado con el hecho de que tú mismo alejaste de ti ese empleo con tu actitud de desprecio hacia el mismo, lo cual hizo que la vida simplemente respondiera a ello, quitándote de enfrente algo que constantemente criticabas, despreciabas y odiabas. Gracias a esta pérdida, aprenderás a valorar y honrar tu próximo trabajo, y ello traerá gran crecimiento, prosperidad y abundancia en tu vida.

Quizá, por otra parte, la tremenda presión al haber perdido tu empleo te llevó a establecer ¡por fin! ese negocio personal que hace tiempo visualizabas pero no te atrevías a crear.

En todo lo que te sucede, la vida te está preparando para que puedas aprender tus lecciones, soltar tus cadenas, liberar tu espíritu y recibir todo lo bueno que se te quiere dar, lo cual no es posible cuando tus puertas están cerradas.

Cambiar lo negativo en positivo es una decisión. No se trata de estar inventando cuentos de hadas a partir de nuestras experiencias o relaciones dolorosas, ni de pintarlas de rosa. Tampoco se trata de colgar adornitos en las cosas de la vida para que luzcan bonitas. Se trata de ver la verdad profunda que hay en todo, el bien mayor que sustenta todo cuanto nos sucede, porque ahí está y es real. Lo único que nos toca es elegir verlo, o no.

Así, pues, sin duda alguna, decidir cambiar lo negativo en positivo nos da paz y nos ayuda a evolucionar.

88

¿Por qué dañan tanto los secretos familiares?

Entiéndanse como "secretos familiares" todas aquellas vivencias o sucesos que ha vivido una parte de la familia o alguno de sus miembros, de los cuales no se habla y se mantienen ocultos al resto de la constelación familiar.

Puede tratarse de suicidios, asesinatos, abortos, quiebras económicas, hijos fuera del matrimonio, enfermedades mentales o físicas, incestos, muertes trágicas, hijos de otro padre/madre y cosas por el estilo. Cualquiera que sea el suceso, se mantiene oculto y secreto porque se considera vergonzoso y malo. El o los miembros de la familia que fueron parte de él lo conocen, por supuesto, pero como mencioné, se mantiene en secreto para el resto del sistema familiar.

¿Por qué dañan tanto los secretos familiares?

Una razón es que resulta imposible —y enfatizo: ¡imposible!— que las cosas, sean cuales fueren, se mantengan ocultas para los miembros de la familia. En un nivel inconsciente, siempre lo saben, todos lo saben. Cuando algo se conoce en el nivel inconsciente, y en el consciente se niega o se pretende que no existe, la persona entra en una tremenda confusión y angustia, ya que se encuentra atrapada entre lo que siente y lo que le dicen que es, o entre lo que percibe de un modo visceral y una realidad que le refleja que aquello no existe. Ni siquiera sabe de qué se trata, sólo siente un constante e inexplicable desasosiego.

Para comprender esto debemos recordar que existen varios niveles de comunicación entre las personas. El más denso —llamémosle así— y el que casi todos identifican como "comunicación" es el verbal. Pero hay otros como el no verbal o corporal, la telepatía y el nivel más profundo y sutil, al que me gusta llamar "comunicación entre las almas". Sólo en el nivel verbal podemos mentir, porque los otros niveles provienen de nuestro inconsciente o de nuestra alma, y en ellos es imposible no comunicar TODA LA VERDAD... Para concretar este punto, entonces, aun cuando no hayamos expresado con palabras ese "secreto", y aun cuando haya sucedido varias generaciones atrás, esa información se encuentra en el inconsciente colectivo familiar, de manera tal que todos los miembros de la familia lo saben en ese nivel.

Otra razón por la cual los secretos familiares dañan es porque esa vivencia oculta y no sanada se convertirá en un patrón que se repetirá de generación en generación. Dicho de otra forma, seguirán repitiéndose los suicidios, los abortos, los incestos, etcétera, hasta que en algún eslabón de la cadena generacional un miembro de la familia que experimente esa vivencia decida sacarla a la luz y sanarla, y entonces liberará a las futuras generaciones de seguir reproduciéndola, y al mismo tiempo redimirá y reivindicará a las generaciones anteriores.

En algunos casos es necesario revelar los secretos familiares dentro de un contexto que dé seguridad y contenga a la familia y las posibles reacciones emocionales que pueda haber, cuando la verdad es demasiado dura. Así, pues, el consultorio de un terapeuta fuerte y muy maduro, o la oficina de un sacerdote también muy maduro y sabio, serán lugares adecuados para hacerlo.

Hace poco, los padres de una familia que he atendido decidieron revelarle a su hijo mayor, de 30 años, que es de otro padre. Todo hijo tiene derecho a saber de dónde viene y conocer su historia, sus raíces, su pasado. (Por cierto, los hijos cuyo padre o madre no es el que ellos suponen, y a los que se les miente al respecto, son por lo general un verdadero desgarriate. Es entendible el porqué.) Yo les recomendé a estas personas que le hablaran de esto a su hijo en el consultorio de un maravilloso y fuerte terapeuta hombre que conozco. Yo también estuve ahí como coterapeuta.

Conocer un secreto familiar por lo general no es suavecito ni cómodo, pero sí es sumamente liberador y sanador para todos. El que lo lleva guardado se deshace de tan pesada carga; el que lo desconocía se libera de la incertidumbre y el desasosiego que, sin ser consciente, ha experimentado constantemente toda la vida. En el caso que menciono, las reacciones de padres e hijo fueron las esperadas, pero el apoyo terapéutico que se les dio para procesarlo fue muy valioso y útil para todos.

En conclusión, mientras que la verdad sana y libera, los secretos destruyen y enferman. Nada debe estar oculto; por el contrario, debemos permitir que la verdad sea bañada con la luz del sol, que se muestre a la luz del día tal como fue, como es. Sea lo que sea que una familia haya vivido, es parte de su historia, y su historia es sagrada.

89

¿Cómo hablar de la muerte a los niños?

Permitir a los niños expresar todas sus dudas, fantasías, miedos y preocupaciones respecto a la muerte es indispensable para que ellos puedan integrar este hecho como parte natural de la vida y, asimismo, procesar y superar un duelo cuando pierden a un ser querido.

Es primordial tocar el tema de forma serena y natural, y tener la sabiduría de responder NO SÉ cuando no conocemos la respuesta a alguna de sus preguntas.

Igualmente, es muy importante comunicarles que no todas las personas piensan lo mismo sobre la muerte, y hablarles con palabras y ejemplos acordes con su edad y siendo congruentes con nuestras creencias al respecto.

Muchas veces, las preguntas y reflexiones de los niños respecto a la muerte surgen al enterarse de que falleció algún conocido de la familia o un ser querido. No obstante, de alguna manera desde muy pequeños están en contacto con la muerte; por ejemplo, a través de los cuentos, cuando les hablan de que se muere el dragón, la bruja o los padres del niño que en su lugar tiene padrastros. Asimismo, en la vida real de seguro que más de una vez han visto algún animal muerto. La muerte, pues, forma parte de la vida desde que somos pequeños.

Sin embargo, en cada etapa existen ciertas diferencias en la manera en que se concibe la muerte; conocerlas nos permitirá hablarles de ella a nuestros hijos de la manera más adecuada posible.

En edad preescolar, los niños entienden la muerte como si fuera un estado temporal y reversible, ya que eso es lo que ven en los dibujos animados; el personaje muere, pero después de unos segundos se reincorpora como si nada hubiera sucedido. A un niño de esta edad se le murió su pollito. La mamá se sorprendió por la reacción tan serena que tuvo cuando lo encontró tieso la mañana de un domingo. Lo tomaron y juntos lo enterraron en el jardín. La tarde de ese día el niño preguntó que dónde estaba su pollito. La mamá, impactada, le recordó que se había muerto y lo habían enterrado. "Sí, pero eso fue en la mañana; ¿dónde está ahorita?", respondió el niño. Cuando se trata de la vida real, es importante explicarles que su abuelo, mascota o quien sea que haya muerto, ya no va a volver, porque morirse es así, y por supuesto habrá que apoyarlos para que puedan expresar todos sus sentimientos ante ello.

Entre los cuatro y los nueve años aproximadamente, los niños son capaces de entender que la muerte es definitiva y que todos los seres vivos mueren algún día. Es en esta etapa cuando comienzan a tener muchas preguntas acerca de la muerte, tales como: ¿qué sucede después?, ¿qué pasa con el cuerpo?, ¿hay algo más además del cuerpo?, etcétera. Cabe insistir en la importancia de estar totalmente abiertos a escucharlos y responderles con sinceridad lo que pensamos al respecto o decirles NO SÉ cuando sea el caso.

A partir de los 10 años los niños tienen una plena comprensión de que la muerte es irreversible y segura, y son conscientes de que ellos también morirán algún día. En ciertos casos, esta conciencia provoca miedo a algunos niños; por lo general les sucede a los que a lo largo de su infancia les han inculcado creencias basadas en la culpa y el terror, como que se irán al infierno si no se portan bien, etcétera.

En la adolescencia comienzan a formular sus propias creencias filosóficas respecto a la muerte, y éstas a veces son diferentes de lo que sus padres les enseñaron de pequeños. Si éste es el caso, nunca hay que molestarnos con ellos por esto, sino comprender que están en el proceso de establecer su propia filosofía de la vida, lo cual incluye la de la muerte. En lugar de molestarnos por las diferencias, abrámonos al diálogo abierto y respetuoso.

Sea cual fuere la edad de nuestros hijos y sus cuestionamientos, sentimientos o reacciones respecto a la muerte, nuestra actitud serena, abierta y sincera les será de gran apoyo para aprender a relacionarse con este hecho inevitable y natural, que es parte de la vida.

90

¿Cómo elegir
un buen terapeuta?

Ésta es una de las preguntas que con frecuencia se plantea la gente interesada en involucrarse en un proceso de terapia. Cada día, por fortuna, hay más personas que entienden el porqué y el para qué de la psicoterapia y están abiertas y dispuestas a ella. Cada día, también, hay menos de aquellos que piensan que la terapia es para gente loca, débil o inmadura. Sin lugar a dudas, son sólo los valientes quienes se involucran en una; los que tienen las agallas para reconocer sus problemas, hacerles frente y trabajar comprometidamente en su solución.

"El terapeuta es el 50 por ciento del éxito de la terapia." Palabras más, palabras menos, esto ha sido expresado por numerosos autores e investigadores, y es verdad. Las técnicas, los procesos y los manejos que el terapeuta lleve a cabo, según sea su especialidad y formación, conforman la otra parte, necesaria para que la terapia logre los objetivos que se han planteado.

Un terapeuta tiene un compromiso sublime y sagrado, porque sus pacientes ponen en sus manos —por así decirlo— delicadas áreas de su vida. Un buen terapeuta es el que tiene ciertas actitudes y cualidades que lo hacen digno de ser llamado así. Para elegir uno de ellos, esto es lo que yo te recomiendo tomar muy en cuenta:

- Desconfía de un terapeuta que no cree en un Poder Superior, comoquiera que le llame o lo conciba.

- Desconfía de un terapeuta que cuando tiene que elegir entre "caerte bien" y "serte útil", elige caerte bien. Es decir, que no te confronta y siempre te da por tu lado.
- Desconfía de un terapeuta que no te pone límites. Por ejemplo, que acepta que le llames para consultarle cualquier cosa que se te ocurra durante los días entre una sesión y otra, o si permite que le llames los domingos, en las noches, etcétera, a menos que tú o alguien de tu familia se encuentre en una grave y delicada situación, como puede ser riesgo de suicidio o un grave problema que requiere el contacto con el terapeuta entre sesiones.
- Desconfía de un terapeuta que *necesita pacientes*. Cuando un terapeuta hace lo mencionado en los dos párrafos anteriores, generalmente es porque *necesita* pacientes. Esto lleva a que le dé temor —por decirlo así— confrontar y poner límites, porque le preocupa caerles mal a sus pacientes y que se vayan. Poner límites es parte importantísima del éxito de la terapia, y sólo un terapeuta que tiene bien clara su función y su papel en la relación terapeuta-paciente es capaz de hacerlo.
- Desconfía de un terapeuta seductor. Cuando rompe la delicada y sagrada línea que por el bien del paciente debe existir entre ellos, y de cualquier forma tiene aproximaciones físicas/verbales/eróticas con él/ella. Cuando un terapeuta hace esto, está aprovechándose de la vulnerabilidad emocional de su paciente y abusando de ello para su propio beneficio, sin importarle lo que esto afectará a su paciente. Y créeme, le afectará.
- Desconfía de un terapeuta que "socializa" contigo durante el tiempo en que están llevando a cabo un proceso de terapia. Es posible que después de terminado éste y al paso de un tiempo, el terapeuta y su ex paciente puedan volverse buenos amigos. Pero nunca es recomendable socializar con los pacientes mientras lo son.

- Desconfía de un terapeuta que se molesta si le preguntas acerca de sus estudios o experiencia profesional. En general, cuando una persona se siente insegura de su capacidad, se sentirá amenazada ante preguntas de esa índole.
- Desconfía de un terapeuta que no siente un respetuoso e incondicional afecto por ti.
- Desconfía de un terapeuta que no se actualiza y no está comprometido con su crecimiento tanto profesional como interior.
- Desconfía de un terapeuta enfermo de "soberbia profesional". Así llamo yo a aquel que aunque vea que no están lográndose los objetivos de la terapia, te retiene como paciente, en lugar de canalizarte con un colega que tenga mayor experiencia en tu caso y te pueda ser más útil.

Así, pues, poniendo ahora mis recomendaciones en términos positivos, diría:

- Confía en un terapeuta que cree en un Poder Superior, comoquiera que le llame o lo conciba; que te confronta cuando es necesario y te pone límites; que tiene un respetuoso afecto por ti y no traspasa la sagrada línea que debe haber entre ustedes; que no se aprovecha de tu vulnerabilidad emocional para su beneficio; que reconoce sus limitaciones y capacidades, y que está genuinamente comprometido con su crecimiento interior: ora, medita, lee, o por cualquier camino trabaja para convertirse en un ser humano más luminoso.

¿Te parece utópico poder encontrar uno de éstos? No lo es en absoluto. ¡Hay muchos de ellos! Para que encuentres uno, pídelo con todo tu ser y confía en que si realmente lo deseas, la vida te lo pondrá enfrente.

Agradecimientos

Tener el respaldo de una empresa de la envergadura de mi casa editorial Random House Mondadori, sello Grijalbo, es un privilegio que aprecio en todo lo que vale. Ambos hemos construido una productiva relación caracterizada por el mutuo respeto y reconocimiento. Hemos unido sus recursos y los míos para generar cosas valiosas y útiles.

Mi gratitud y aprecio hacia la empresa están por supuesto dirigidos al vasto equipo que la conforma y que de alguna manera, directa o indirecta, contribuye para que cada obra mía se vuelva una realidad y llegue a los muchos lectores que la quieren recibir.

Mis más sinceras gracias a todas y cada una de las personas que forman parte de Random House Mondadori, sello Grijalbo, y muy especialmente a su director, Pedro Huerta, a Ariel Rosales, Arnoldo Langner, Aurora Higuera, Raúl Palomares, Christian Montiel, Tomás Ceniceros, Norma Bautista, Jimena Diez, Claudia Orozco, Denixe Hernández, Angélica Martínez y Carlos Morales.

Un agradecimiento muy especial a Cristóbal Pera, director editorial. Recibir el apoyo, el reconocimiento y la total confianza de un hombre con su talento y experiencia es para mí un verdadero privilegio.

Mis padres Pedro y Margarita ya no están en la tierra. Su legado me acompaña en cada minuto de mi vida. Me encanta haberlos tenido como padres y cada día valoro más lo que fueron capaces de enseñarnos a sus nueve hijos. Con todo mi amor y humildad les digo: *Gracias por haberme dado la vida... gracias por todo lo que me dieron y enseñaron.*

Infinitas gracias a mis lectores y a mis pacientes por permitirme tocar su vida.

www.marthaaliciachavez.com